陈元邦 著

您好閩東

海峡出版发行集团 | 海峡文艺出版社

图书在版编目(CIP)数据

您好闽东/陈元邦著. 一福州：海峡文艺出版社，2011.12
ISBN 978-7-80719-692-1

Ⅰ.①您… Ⅱ.①陈… Ⅲ.①畲族一民族历史一福建省 ②畲族一民族文化一福建省 Ⅳ.①K288.3

中国版本图书馆 CIP 数据核字(2011)第 263145 号

您好闽东

作　　者	陈元邦
责任编辑	王顿顿
编辑助理	林　巧
出版发行	海峡出版发行集团 海峡文艺出版社
经　　销	福建新华发行(集团)有限责任公司
社　　址	福州市东水路 76 号 14 层　　邮编　350001
网　　址	www.hx-read.com
发 行 部	0591—87536797
印　　刷	福州力人彩印有限公司　　邮编　350003
开　　本	787×1092 毫米　1/32
字　　数	150 千字
印　　张	6
版　　次	2012 年 1 月第 1 版
印　　次	2012 年 1 月第 1 次印刷
ISBN 978-7-80719-692-1	
定　　价	18.00 元

如发现印装质量问题，请寄承印厂调换

读一本写在大地上的书
（自序）

这三年，我在专心读一本书——一本写在1.34万平方公里大地上的书，一本写在山、海、川、岛、湖的书，一本以历史为经、现实为纬的书，它的名字叫“闽东”。

我怀着一种虔诚之心读这本书：每一个字都是沉甸甸的；每一行字都如一条奔腾不息的长河，时而激湍、时而低吟；每一页都让我心潮起伏，不禁掩卷长思，不忍翻过……

我读这本承载一千七百余年历史的书：造访承载着历史记忆的建筑，伫立于负载历史旧迹的厅堂之中，鉴赏着悬于高梁之上的匾额，欣赏挂于门厅或大堂柱子的对联。每一位英杰穿越历史的隧道与我对话，我的心灵在交流中得到了洗礼。我记住了薛令之、甘国宝这些闽东人引以为傲的先贤；记住了在这片土地上和从这片土地走出去，为新中国的建立献出生命的英烈……

我读这本有着深厚底蕴的书。每个村落都是一个章节，每个章节都有一个故事，它们在岁月的流逝中孕育出独具一格的民俗。在这块土地上，生活着中国四分之一的畲族同胞，畲族的风土人情是这本书的华彩篇章。

我读这本有着青山绿水的书。这片土地是“沿海黄金断裂带”，它与沿海其他地区有着不同的地貌特点。“天下绝景”白水洋、“海上仙都”太姥山、“洞天福地”支提山、“人鱼同乐”鲤鱼溪，还有最美的十大岛屿之一的嵛山岛……是闽东这本书中一帧帧精美的插页。大自然是一个优秀的画家，风雨阳光是天然的色彩。我读着这本书，心醉了，醉在这片景色之中。

我读这本风生水起的书。在这里，我感受到了一种气魄，在“海峡西岸经济区发展战略”的引领下，“环三都澳发展战略”应时代而生，闽东人在实施这一战略中表现出的干事创业的激情让我感动，这种激情所焕发出的巨大推动力让人震憾，“环三都澳发展战略”所展示出的波澜壮阔的画卷让人憧憬。

……

这是一本写在大地的书——一本以岁月为墨、用自然为笔书写而成的书。

这是一本由几十辈先人、现在生活在这片土地上的**350**多万人、闽东的子子孙孙共同书写的一本大书。

读了这本书，有了许多感想，把它记录下来，便有了这些文字。虔诚地将它呈现于读者面前，希望能成为一个“引子”，让更多的人走进这片土地，去读读这本写在大地上的书。

目　录

1　您好，闽东
8　闽东无处不风景
13　记忆中的飞鸾岭
15　海上那个村落
18　黄昏中的三都澳
20　东湖的静
39　湖边那无人入座的椅子
41　霍童溪　霍童山　霍童镇
45　到上京贝走走
49　赛江之美
52　葡萄沟畅想

55　乐在万千壶穴之中
58　漫步廉村
60　醉美翠屏湖
63　承福之鼎
66　行走太姥山
69　穿行“一线天”的感悟
72　嵛山岛之美
75　锦绣际头
77　一条小溪从村中穿过
79　悠悠鲤鱼溪
81　滩涂——闽东动听的乐曲
85　到杨家溪做一次养生游
88　杨家溪的榕树
90　杨家溪摄影记

93 寿宁印象
98 诗情画意古西浦
101 含溪素描
118 凝望廊桥
120 一道廊桥一道景
122 柘荣这座小城
128 雨中观赏九龙井
131 春之曲（三题）
134 踏青赏花去
136 娇艳之花
138 那朵荷花
141 记忆中的雪
144 山里的雾
146 东看太阳　西看月亮

148 黄昏绚烂

150 那一壶由淡而浓的白茶

155 物境与心境

157 雁鸣

159 风雨中的演出

179 后记

您好，闽东

走进了闽东，又走出了闽东。在走进与走出间，拥有了一段闽东人生，我可以自豪地以“闽东人”自居。日久生情，与闽东相处的这段日子，让我与她如同一对情侣，从相识而相恋到生情再有了爱。我爱恋着闽东，愿深情地道一声：您好，闽东！

闽东于我不算陌生。曾经几回，一条弯弯曲曲的104国道把我载到了蕉城，又顺着这条弯弯曲曲的山道把我载到了福安、柘荣……这条国道是闽东联结外地的大通道。当时，有人告诉我，闽东是沿海地区，我真有点不信，车在闽东行驶，几乎是盘山而行，映入我眼帘的是层层叠叠的大山。在我的记忆中，104国道上仅有从蕉城到八都之间赛岐这段路才能领略海的身姿。如果想看闽东的海，那要专程到三都澳或者是沙埕港。闽东留给人的印象是山的王国而不是海的天下。可是，2009年当我深入闽东，领略了闽东的山海交响，特别是海的风景：晨曦中领略到了海的宁静，海面上渔轮点点；晚霞中大海金碧辉煌，夕阳下的美景，让人忘归。滩涂迎着潮起潮落，时而被海水浸漫，时而露出真容，滩涂上泊着几叶轻舟，透着一种闲适。有人告诉我，每年十几万的摄影爱好者涌向霞浦、涌向闽东，把镜头对准了这片海、这片滩涂，全国各类摄影大赛中，假如有表现滩涂美景的，大多都取材于闽东。

一条沈海高速、一条高铁，撩开了闽东海的面纱，让人看到了闽东海的真面目，闽东用海展示出了她的博大。倘若有人再告诉我，闽东是个山区，我会纠正他，不，闽东是个离省会城市最近的沿海地区。

闽东有海，闽东也有山。闽东的山从海上挺拔而起。闽东的海深，缘于它的山高；闽东的山高，又缘于它的海深。曾经越过分水关，进入浙江，车入浙江地界，视野顿时变得开阔；也曾经站在地图前面，由北而南端详着那条海岸线，发现在这条海岸线上多有广阔的冲积平原，唯独闽东的这段海岸线，被人称为沿海黄金断裂带。这一特殊的地理区位，让闽东既拥有海的博大，又拥有山的挺拔。在闽东的这段日子，曾经行走于太姥山，畅游杨家溪，观赏古廊桥，蹚过百水洋，嬉戏鲤鱼溪，造访嵛山岛……曾经伫立于山巅，感受云蒸雾绕；也曾伫立于三都澳畔，观赏潮起潮落。每一次与山水的亲近，都是一次洗心过程，都会有一种“采菊东篱下，悠然见南山”的心境。

山海而成的闽东，孕育出独特的文化。在闽东的日子里,被这里的文化所滋润。闽东的文化，孕育于村野之中，又深藏于村落之间。穿行其间，就如同在翻阅一本大书，值得细细品读、细细体验。曾经走进廉村，品读着悬挂于祠堂柱上的“首登黄榜自古八闽无双士，帝赐廉名至今华夏第一村”名联；也曾经走进屏南的际头村，品读着“继世书留香，养生谷为宝”、“一簾花影月明初，四壁书声人静后”的名句；还曾造访过千年名村寿宁的西浦村，感受“状元文化”，吮吸古朴的乡风。人在走、心在思，无论是廉村还是际头或是西浦，从地理上说，都处山乡僻壤之中，却都有着卓尔不群的文化与风尚。

曾经多次走进畲村、参观畲族纪念馆，沐畲风、听畲歌，体验畲族风情。有一些数据一直铭记于心——在闽东三年游击战争中，被杀害的畲族党员、干部、战士、群众达5600多人，约占全区畲族人口总数的8%；畲族村移民并被拆毁的村庄540个，约占全区畲族村总数的40%；被烧毁房屋10500余间，被抢劫掠夺的村庄980多个，约占全区畲族村总数的70%。叶飞同志这样评价闽东畲族：“在闽东三年游击战争最艰苦的年代，畲族人民的作用是很大的。他们具有两大特点：第一，最保守秘密，对党很忠实；第二，最团结。”在闽东的日子里，与众多的畲族同胞多有接触，他们对事业的忠诚、对朋友的真诚，多次让我感动。每每走进一座座畲村畲寨，都会为这里独特的、富有原生态风味的畲族风情所陶醉。闽东聚居着全国四分之一的畲族同胞，畲族文化是闽东文化的奇葩，是闽东的一道亮丽风景线，也是闽东的一张名片，闽东应当成为了解畲族风情的窗口。谁想了解畲族，请到闽东来。

闽东的山、闽东的海，成就了闽东的人民。至今难忘第二届茶叶博览会的那场风雨中的演出：上千名的志愿者、几百位演员，迎着风、淋着雨，倾情奉献出高质量的演出。这块土地，孕育出了闽东人的真诚与善良，造就了多少道德模范，每每听到讲述他们的事迹，都会让我心存感动，他们的事迹可能不会惊天地泣鬼神，但也正是这些看似平凡的小事中，展示出了难能可贵的高尚品格。有人说，闽南人具有拼搏精神。闽东的这块土地，同样造就出了闽东人的敢拼会赢的品格。认识的一个回乡创业的大学生，毅然放弃了读研、留校的机会，回到了福安，回到了农村创业，短短数年，积累了财富，又创办了大学生创业孵化基地，成为全国大学生回乡创业的楷模。走出去的闽东商帮，驰骋大江南北；扎根闽东大地的企业家，敢于面对竞争，引进人才，做大产业、做强品牌，打造出了“小电机之都”、“化油器之都”等一批产业集群。在发展壮大企业的同时，他们没有忘记自己的社会责任，回馈家乡，回报桑民。

如今，几百万闽东人正在凝心聚力实施“环三”战略。“环三”呼应了海西发展战略，是科学发展观在闽东的生动实践。在闽东的日子里，在各地行走，听得最多的是“环三”，人们谈论最多的是“环三”，我们高兴地看到，人们享受着“环三”战略实施带来的巨变，人们期盼着借助“环三”战略的实施带来更加巨大的效益。无数次地走进宁德规划展示馆，在那里看到了闽东未来的蓝图，假以时日它将成为一座令人向往的海峡西岸东北翼中心城市。为了这块土地，为了美好的家园，建设者们在努力着。

闽东人以坚韧不拔的精神奋力前行，孕育了“滴水穿石、你一我十、先行先试”的精神。这一精神，是闽东文化的传承，也是闽东文化的创新。在这一精神的引领下，闽东人焕发出新的精神面貌，激发出不尽的精神力量，让闽东行驶在跨越赶超的快车道上。初升的太阳跃出三都海面，天也是一片嫣红，热烈而奔放，闽东孕育着生机与活力。

走出闽东、回望闽东，眼神中充满着依恋与不舍。

我在自问，走出闽东了吗？没有，心始终念着闽东，挂念着与这片土地有关的每一件事，为这块土地而喜、而忧，而歌、而咏。

我向着这片大地，深深地鞠躬，再道一声：您好，闽东！

闽东无处不风景

闽东的景点多，无论是自然景观还是人文景观，可圈可点的多达几十处，每一处都让你陶醉，都让你流连忘返。

闽东无处不风景，随便挑选一处，驻足观望，都给你带来无尽的享受。

春之时，桃红柳绿，随便挑上一处桃林或是一片李树林，静静地欣赏着粉红的桃花、雪白的李花，享受赏心悦目的风景。极目远眺大山，红红的杜鹃，间杂在翠绿之中，格外显眼，有的地方杜鹃漫山遍野，红红的一片，十分热烈。春唤醒了大山，山变得多彩多姿。初春，冬的痕迹尚未褪尽，有的植物还未从冬的风霜中苏醒，而有的植物已经吐出了新绿，传递着春的气息。远远望去，金黄与翠绿相间的景致，既有对冬的眷念，也有对春的憧憬。清明之后，春雨绵绵，正是农耕插秧时，俯瞰层层的梯田，农民披着蓑衣，戴着斗笠；一只老牛伴着农民的吆喝声温顺地耕田犁地，真是一幅人与自然和谐的农耕图。仰望远处层层的茶田，茶树像一道道绿色的彩带缠绕着山丘，村姑们采摘着开春以来的头道茶青，偶尔飘入耳际的带着乡土韵味的歌声，让你心田变得甘甜，在我的脑海间构建了一幅村姑采茶图。春之时，走出户外，沐浴在大自然之中，心境清新而明朗。

夏之时，每一条溪流、每一处海滩、每一片果园、每一座村落、每一户农家，都是一片好景致，都是消暑的好去处。闽东的溪流多，且不说杨家溪、鲤鱼溪等知名度颇高的溪流，就是名不见经传的穆阳溪、霍童溪、交溪，两岸风光都十分怡人，足以让人驻足。选择一块礁石，静静地坐在其上，微风拂面，淌淌而流的溪水清澈见底，溪底的鹅卵石十分柔润、色彩斑斓，手指大小的鱼儿在水中自由自在游荡。你还可以驾着车，沿着溪岸而行，去看一看有着深厚文化底蕴的古村落。霍童溪畔的霍童镇、穆阳溪畔的廉村、交溪河畔的斜滩镇、鳌江流域的杉洋镇，每一个村落都十分古朴，都有许许多多故事。夏之时，瓜果成熟，呼上亲朋，邀上好友，坐在葡萄架下、桃树林下、荷塘池边，或是品尝着刚刚摘下的葡萄、白里透红的桃子，或是观赏着荷田里盛开的荷花，吮吸着田野里的果香。夏之时，酷暑难耐，找一处海滩，把自己浸泡在海水之中，或是在海浪之中搏击，或是任凭海浪拍打着身躯。你还可以找一处挂在山腰处的村寨，看着山下云蒸雾绕，欣赏稻田、翠竹构成的别有一番风味的景致。

春华秋实。秋天，是个富贵的季节，闽东大地一片金色。挑一处平原，极目望去，或者选择一处高山俯瞰，层层的稻田一片金黄，大地一片丰收的景象。经过秋风的洗礼，闽东的山、闽东的树都打上了秋的痕迹，此时，你到东湖走走或是看看滩涂，那本是绿色的芦苇变得枯黄，这景致有如欧洲的风光。

冬之时，闽东也是观赏雪景的好去处。记得2010年年末，正在柘荣县城，早晨起来，推开窗户，只见民居的黑瓦已经被厚厚的白雪覆盖，那天，车行驶在柘荣的乡村道路上，路旁的树木白雪披挂，有的枝条被冰棱压着，略微低垂；站在高处，凝望处在山腰处的村庄，村庄一片白雪。深一步、浅一步地走进村里，往日就已寂静的村落此时就显得更加寂静。敲开一户人家，厅堂里燃着一盆火，这火带来了温暖。望着这吐着火苗的盆子，我再次体会到，只有经历了严寒的人，才知道温暖的重要。

即使没有冰雪，没有雪景，但冬季闽东的枫叶也是一个赏景的佳处。初冬时节，到霞浦去、到杨家溪去，去那儿领略枫叶的红。或是站在远处，静静地凝望这片红红的枫叶；或站在树下，仰视蓝天映衬下的枫树；或是俯下身子，拾起一片红红的枫叶，细细抚摸。经风沐寒的枫叶，透着一种厚重。赏叶何必去香山，霞浦枫叶别样红。

闽东无处不是景。这景，因势不同，因时不同。你若从屏南返回蕉城，一眼望去，一个山峦连着一个山峦，山峦间弥漫着云雾，有如仙境。车驶在库区，景致有如新疆的天池。在天气晴朗的早晨，你若身处于大山，可以领略到太阳从大山深处跃出，群山在沉寂中苏醒的壮丽景观；

在海边，可以欣赏到太阳跃出海面的磅礴。在晚霞满天的黄昏，伫立在三都澳的码头边，天边一片嫣红，海面上泛着金色的微波，泊在码头上的渔舟与静静的渔港又将带给你另一种美感。

闽东无处不风景！欣赏闽东的风景，心情在回归自然中放松，也在回归自然中放飞。

记忆中的飞鸾岭

车穿过飞鸾岭隧道，只用了短短的三分钟，近了，真是近了！

飞鸾岭，是福州连接宁德的104国道必经的一段，它是两者之间的天然屏障。翻越飞鸾岭，不得不经受一个小时左右的颠簸。这段旅程着实艰辛。

透过车窗，依恋地回望身后的这座大山。大山巍峨，透着雄浑之气。

当年，我是这样走进飞鸾岭的——我坐着没有空调的长途车，从山脚盘旋而上时，可以说是一次森林的观光，车在茂密的森林中穿行，随着海拔的升高，林木树种也不同，越来越有一种原生态的感觉。松鼠之类的小动物跳跃在林间，一会儿在树枝上啃着松果，一会儿用调皮的眼光看着你，一会儿从这株树上攀缘到那株树上，小鸟在林间鸣叫，静谧的大山洋溢几多生机。车行驶到半山，路边有为过往车辆服务的加水站，修车店、小餐馆等，一条用橡皮管连接的水管把峭壁间流出的山泉接到汽车加水处的大水桶里，再从水桶灌进货车的水箱里。现在想来，那车灌的可都是纯净水啊！

飞鸾岭上住着人家。记得有一次，车快行到山顶时，我从盘旋的公路往下瞧，一个不大的村落坐落在山坳里，黑瓦木屋掩于林间。山坡上，水田泛着金光，在通往村庄的小道上，几位身着畲族服装的农民挑着担子，在公路旁，不时还可以看到身着畲族服饰的姑娘，头上的银饰像是风铃，在风中摆动。有人说，这个村落，是个畲寨。那一次的飞鸾岭之行，让我对畲族有了初步的了解，也知道了宁德是全国畲族聚集地，这里生活着全国四分之一的畲族同胞。

十多年过去了，很久没有再翻越飞鸾岭了，真想什么时候再上飞鸾岭，看一看那里的人家，听一听那里的鸟鸣。

海上那个村落

有人把它称之为海上社区，我更愿意称之为村落，一个建在海上的村落。一提到村落，眼前仿佛就浮现出田野和在田野间劳作的农民，耳边就听到了鸡鸣狗吠，脑海里就回响出“昔年山下结茅茨，村落重来野径移”、“银沙万里无来迹，犬吠一声村落闲”等描写村落的诗句。

村落里水道交错，机帆船行驶在水道上向村民们提供淡水等生活必需品以及养殖需要的饵料。

海上村落，是一个共同从事网箱养殖而形成的村落。村民来自四面八方，他们看上了三都澳，看上了这个出入门户、五邑咽喉、相对风平浪静的独有的海上养殖的好场所。办理了相关手续之后，渔民们便将网箱固定在这片水域中，一个网箱连着一个网箱，箱箱紧挨，蔚为壮观。网箱，是桥梁，是纽带，使这里的村民相识、相知。网箱上坐落着幢幢简易小楼，小楼里居住着守护着网箱的人，村民用了不少心思装扮自己的住所。在一幢小楼前，竖立着三根旗杆，中间最高的那根旗杆上挂着的国旗在海风中飘扬。

小艇靠在一个网箱旁，我小心翼翼地从一个网箱登上。木板铺设的小道，让网箱与网箱之间变得通畅。在几个网箱之间有一个平台，台子上安装着一个搅拌机。一个穿着长雨靴的村民告诉我，搅拌机是用来搅拌鱼食的。每天清晨，鱼料供应商开着小船贩卖鱼料，他们购买后将鱼料搅拌，投放在每个网箱中。顺着他投料的方向，我看到鱼儿正欢快地抢着食物。这片网箱中养殖有黄鱼、真鲷、鲍鱼等等。一位正在劳作的村民口音引起了我的注意，我询问他从哪来？他告诉我，从江西来，为这些网箱的主人打工。他说，这一大片的网箱，分属于不同的主人，有的主人只有几个网箱，一般是自己照料网箱，有的主人拥有十多个甚至更多的网箱，一般雇人照料。我问这位村民，在这海上寂寞吗？他笑了笑说，还好吧，习惯了。想家时，打个电话。我问他，这海上手机有信号吗？他说，有啊！移动还在这儿设立了海上营业厅呢。

这是一个海上村落。为了这个村落的安全，边防设立了警务室，也就是我们说的海上110，常年守护着这个村落。参观完建在海上的警务室，站在甲板上，望着这座建在海上的村落，我想的很多很多，想到了军民鱼水之情，想到了市场经济的魅力与风险，想到了政府提供的公共服务，想到了村民的艰辛……

白天的海上村落，泛着波光、透着静谧，一个村民告诉我，夜晚的村落更美。夜色中，海上村落的灯亮了，泛着鹅黄，星星点点地散落在这片大海上，夜的海，更加寂静。但是，我无缘留下领略夜色中海上村落的景致。

夜幕降临前，我登上小艇离去了，在小艇上，我还想到，海潮连着商潮……

祝愿村落中的每一个村民一切都好！

黄昏中的三都澳

站在甲板上，迎着扑面的海风，欣赏着三都澳的黄昏景色。海风柔和，景色宜人，我自陶醉。

望着远处的天空，将要落山的太阳的光芒变得柔和起来，把天空晕染得多姿，从橘黄而金黄最后变成蓝色。在光的作用下，连绵的大山显得更加沉稳而厚重。

见过的海大多数连接的是一片沙滩，有着一片广阔的腹地。可是，三都澳的海直接连接着大山，没有沙滩、没有连绵的腹地。这也许算是宁德的山与海的一个特色吧。曾几何时，这里的海岸被称为是沿海“黄金断裂带”，也因为这别样的地理环境，宁德的高速铁路和高速公路要么在山洞中穿行、要么在桥上飞驰。

太阳照射下的海面泛着金光，别有景致。日光顺着波光向着海与山的连接处寻去，惊奇地发现，一道道栅栏呈现出四方形的方块，一叶小舟穿梭在栅栏之间。不知怎的，望着这幅图景，让我联想起了牧童晚归的情景，顿然有了一种劳作一天后放松的感觉，让人觉得安逸、祥和。

黄昏中的三都澳，静谧；三都澳的海，深邃；三都澳的山，雄浑。

东湖的静

蕉城有一个湖，名唤东湖。湖的一头连着大山，一头连着海湾，溪水从连着山的那头潺潺流下，海水随着潮涨汹涌而进。东湖的水，淡水与咸水交织混合。

东湖原本是一片滩涂，人们在溪与海湾的连接处筑了一个大坝，因此有了这个人工湖，湖的中央是大片大片的湿地。

人们在湖的两岸建了景观公园。我曾经在夜幕降临时伫立在东湖岸边，欣赏着落日余晖映照下的东湖景色，沐浴着湖边徐徐清风。

在一个冬日的清晨，我享受到了特别的愉悦。

我伫立在东湖的观景台上，眺望远山，横亘于海湾之上的大山似乎还没苏醒，薄薄的雾如同轻纱柔曼地罩着大山……山本该雄浑的，可是有了薄雾的轻掩，山变得婀娜起来。

远处的山虽然还没有苏醒，东边的太阳却急不可耐地跃出海平面，时而露出圆圆的、红红的脸，时而被云朵遮掩着，带着一丝羞涩。云被初升的太阳洇染，呈现出红的、黄的、金色的各种色彩，每一道色彩都是那样的温柔、那样的奔放。我不经意地放低视线，看到了太阳在水中动，如同一片落叶，舒缓地飘荡着，云彩在水中动，如同一张画布被涂抹出富有层次的画。这绚丽的色彩，透着晨的活力。而在太阳升起的另一边，大山接着天际，山倒映在水中，水变得更深，更沉稳，让我刚刚生出的激动复归平静。

天际间，不时有成群结队的鸟儿飞过。那黑色的鸟儿，在阳光的照射下，羽毛也显得特别光亮。

再次平视水面，一只鸟儿疾飞在湖面上，看它的动作，像是贴着水面在行走，可水面上并没有激起丁点儿水花。我试图举起相机拍摄这只鸟儿，可它已经逸出我的视野，隐没在对面那一片湿地中。

欣赏着晨的东湖美景，晨的东湖，很静。

福鼎

湖边那无人入座的椅子

湖边的平台上，摆放着一张木制的圆桌和四把木制的椅子。设计者匠心独运，极其简陋的桌椅摆放在原木搭建的平台上，透着一种散淡。凝望这无人入座的椅子，依稀感觉到一拨客人刚刚离开，而另一拨客人又正从远处漫步而来。

这让我想起了范仲淹笔下描写的洞庭湖那片景色以及他观湖的那种心境，也激发了我的些许遐思。

这是赏景的佳处。山间的溪水与海水在这里融合，形成了宽阔的湖，让人心境宽广。坐在这儿，沐浴着湖面吹来的徐徐清风，呼吸着茶香，品着功夫茶，眺望着湖面：远处长长的海堤绵延着、近处的湖边有一块被霜打的已经枯黄的芦苇丛在微风中摇曳一艘游艇泊在芦苇近处在辽阔的湖面上更显得形单影只。这萧瑟的景致，其实不是湖面景致的真实写照。阳光下这片湖面泛着粼粼波光，白鹭贴着湖面飞翔，让人心旷神怡。入夜，坐在这儿，望着长堤上与天上星星交相辉映的灯火，感受着绚烂之美。

这是思考的佳处。坐在这湖边的木椅子上，赏着湖边的景色，极目远眺，湖的尽头是三都澳，一处不可多得的天然良港，一处尚待开发的土地。记得在一个风和日丽的下午，我见过两个人坐在这张木椅子上对弈，时而窃窃私语，时而会心一笑。在他们一颦一笑中，思想在弈棋布局中碰撞、思路在弈棋布局中对接。望着这静静的湖面，即使没有像古人所说的把酒临风的潇洒，却也有临风品茶的洒脱。

我不知道，这空空的椅子、洁净的桌面，将迎来的是赏景的游人还是把茶临风纵论未来的人？

霍童溪　霍童山　霍童镇

每次经过蕉城和屏南之间的霍童溪，心情便十分愉悦。不为别的，就为这条溪，为这片景。

霍童溪，源于屏南县西北部和政和县东南部的鹫峰山脉，经峡谷，过险滩，一路跋涉，进了宁川最大的河谷冲积平原霍童，霍童溪因此而得名。溪流像是一条玉带飘落在平原之上，清澈的水蜿蜒而流。从霍童开始，公路几乎是溪流相伴，从车上观赏着窗外景致，山奇景秀，风光旖旎，有一种人在画中行的感觉。在闽东，那山永远是绿的，那水总是清澈见底的，变化的是时令性景色。春夏之时，田野一派绿油油的，与远处的山融为一体；秋之时，一片金色，给人一种收获的愉悦，又有一种秋风浸染过的沧桑；冬之时，那荒芜的田野显得有些孤寂，从农家中升起的孤烟与山间的云雾相呼应，更增添了原野和村落的寂静。溪流环绕中的绿洲，宛若溪流托着一个精致的盆景，这里树木挺立，青草低处，野花装点，偶尔可见水鸟从水面轻巧掠过和往来于两岸的孤舟，恍若身处尘世之外。

车沿着霍童溪畔而行，路旁不远处的如同寺庙般的建筑不时掠过，这些建筑多是单体，规模也非常小，大多只有一间，斜斜的屋顶与黄色的墙面在山的映衬下显得格外显眼。眼前这山，人称霍童山，为“天下三十六洞天”之首。明永乐皇帝赐其为“天下第一山”，并亲题匾额。五代时，闽王封它为“闽国东岳”。《闽都别记》载：“闽境之山，西则武夷东霍童”，把霍童与武夷相媲美，可见霍童山之奇秀。山中有座支提寺，素有“不到支提不为僧”之说。有一次，随同客人往支提寺，车在山道上行驶，蜿蜒而上，近一个小时的路程虽让人觉得头有些发晕，但山中的峰、岩、洞、壑、林、泉却依然让我注目。进了支提寺山门，路变得平缓，也更加开阔。四围层峦叠嶂的青翠拥抱着寺院，透着一种肃穆。热情的住持引领我们观看了毗卢遮那佛像、铁铸天冠菩萨像、全藏经书、御赐紫衣等几件支提寺的镇寺之宝。这其中有的成为解开明代建文帝去向之谜的佐证。望着它，你会更加体会到支提寺的地位。难怪“天下云游僧侣，多上山去朝拜”。

坐落在这灵山秀水之中的霍童镇，是一个历史悠久的文化古镇。走进霍童镇，瞻仰文昌阁，观黄鞠故里。穿行于老街，迷宫般的巷道、琳琅满目的手工艺品、形色各异的糖饼糕点，浓重而古朴的乡风扑面而来。走进石桥村，站在至今还在发挥作用的龙腰涵洞旁，望着清澈的水流进田野，村民会动情地告诉你，这是1400多年前，辞职归隐的隋代谏议大夫黄鞠领着一帮乡人破除“看天吃饭”的宿命，斩“龙腰”，通度泉、烧岩壁，贯隧洞，开凿出堪称史上罕见的引水涵洞。在霍童，还有一个自己的节日，那就是“二月二”灯会，这个节日可追溯到隋朝。据记载，黄鞠为避隋炀帝迫害，迁徙咸村，后与早年定居石桥村的姑丈朱福易地而居。为报答姑丈情谊，黄鞠就在每年农历二月初一姑丈诞辰之日举行灯会活动。每年这时，全镇都被打扮一新，家家户户都挂上各色花灯，铁枝、纸扎、舞龙、武术粉墨登场，大家竞相献技，万人空巷，热闹非凡。尤其是被评为中国非物质文化遗产的霍童线狮表演更是堪称一绝，通过艺人们集体的操纵和密切的配合，线狮能坐立、蹲卧、苏醒、伸展、登山，栩栩如生。

在街中慢慢行走，在街中慢慢品味，除了古朴的乡风，还可以感受到古镇所焕发的生机与活力。

山、水养育了这里的子民，这里的子民又呵护着这一片山、一片水。山、水、人和谐地展现在这画卷中。

一个网友这样说霍童溪："就是在不经意间，霍童溪走入了我的视线。或者可以说，是我在不经意间，走进了霍童溪的世界。"

"不经意"三字用得恰到好处，往往在不经意间得到的感知是最真实的，霍童溪、霍童山、霍童镇确实能够在不经意间触动人的神经，撩拨着人的心绪，让人为之歌、为之咏。

到上京贝走走

畲族，我国五十六个民族中的一员。闽东生活着我国近四分之一的畲族同胞。你问我，哪个地方最能展示畲族的风土人情，那我告诉你，到闽东去，到上京贝去。

从蕉城区驱车不过十多分钟就到达目的地。伫立在湖边的凉亭，隔湖相望，远处的民居白墙黑瓦，面湖靠山，错落有致，整个村落的建筑有如江西婺源的建筑风格，明快而又整洁，透着古朴。山青翠，湖碧绿，湖中的鲤鱼红的、白的，悠闲地游着，屋檐下挂着红红的灯笼，恰到好处地点缀着村落，平添了村落的活力。行走于民居前的小道上，道路并不宽敞，小道旁，几家店铺卖着一些日常用品和旅游商品。静静地凝望村落，感受到一种灵气、一种静谧。

到上京贝去，那儿有丰富的畲族文物。有一位闽东的企业家，痴迷于畲族文物，十多年来，始终不懈地收集畲族文物，只要知道哪里有畲族文物，就立即到哪里去与文物的主人商谈。有时，收购一件文物之后，连回程的路费也没有了。为了收集这些文物，他卖掉了自家的一座工厂。他将这些文物运到了上京贝，谋划着在这里建一个畲族博物馆，让人们通过文物进一步了解畲族。有人曾经这样说过，一座建筑就是一座凝固的历史，当人们身处这座建筑之中，聆听着发生在这座建筑中的故事，仿佛进行着穿越时空的对话。穿行于满满当当摆放文物的仓库，每一件文物都是一个见证，都反映着畲族的发展，反映着畲族的风情，反映着畲族的工艺。小到一双鞋子、一盏灯、一件棕衣、一把茶壶、一件银器，大到一张床、一面鼓……琳琅满目。在这些文物中，给我留下最深印象的是那面大鼓。主人告诉我，这面大鼓是目前已知的世界最大的一面大鼓，那鼓面由一张蛇皮制作而成，他用鼓锤敲了一下，鼓声深厚，似乎能从这鼓声中感受到畲族同胞所具有的那种豪气。

到上京贝去，品尝一下畲家乌米饭。坐在不算豪华的农家饭庄里，品尝富有风味的当地美食，特别是乌米饭，这实在是一种享受。记得第一次到上京贝，热情的主人端来了一碗乌米饭，香甜可口，我以为是黑米制作的。但主人告诉我，这乌米饭是普通的白米制作的，用的是乌稔树叶子与糯米一起浸泡，使糯米呈现出同乌稔果一样的蓝黑色，香味很浓，十分可口。我上网查了一下有关资料，才知道，畲族中还有一个“乌饭节”。每年农历三月初三，家家都做乌米饭，全家共餐，馈赠亲友。聚集在一起盘歌、跳舞，载歌载舞，热闹非凡。

走吧，走进上京贝，听畲歌、沐畲情、品畲餐，看畲舞。

到上京贝去，除了了解畲族的风土人情之外，那里的田原风光也给你带来别样的享受。选择一个七月，那是葡萄成熟，荷花盛开时节。在那长长的葡萄架下漫步，那满架垂挂的葡萄，让你看了垂涎欲滴，摘下一粒放在口中，甜得爽口；穿行于荷田中，田田的荷叶上托着那朵朵荷花，有的已经盛开，有的含苞待放，连片的荷田，让人心旷神怡。你还可以漫步村后的山道，观赏挺拔的风水林，把自己泡在“天然氧吧”之中，尽情地吮吸清新的空气。倘若此时从葡萄架下、荷田里、从森林中飘出充满浪漫情调的畲歌，那该是多么惬意啊！

上京贝是个好去处。到上京贝去，伫立在建文帝塑像的广场上，站在至今还争论不休的是否就是建文帝陵墓的陵墓前，听着有关建文帝的故事以及那一段血腥的宫廷争斗，或许，你也会萌生起破解这历史上四大谜案之一的冲动吧！

去啊，去上京贝走走！

赛江之美

伫立于横跨赛江的桥中央，沐浴着缕缕清风，静静地注视着余晖下泛着粼粼波光的江水，江水晶莹，桅杆点点，不时有过路的船只发出的笛声穿风而过，柔柔地进入你的耳，像是向你问好。

赛江两岸，高楼耸立。新拓宽的大道从镇街中穿越而过，重新改造后的楼宇整洁大方。20世纪90年代，我曾经造访赛岐镇，那时赛岐留给我的画面是低矮的木房、坑坑洼洼的路面。打火机是赛岐的主要产品。如今，你沿着赛江向下游走去，可以望见好些个造船码头，巨型吊车吊装着钢材料，一艘艘已经成型的巨轮展现在面前。我感到有些震撼。赛岐人传承了自己的近百年的工业史，借改革开放之力，重振雄风。在江岸边，还坐落着电机企业、茶叶企业。赛岐，已经逐步地从集镇向城镇蜕变。

赛岐因赛江而繁荣。赛岐港，处在穆阳溪、洋头溪、茜洋溪下游的汇合处。宋、明两朝，赛江的水运业初见苗头，成为闽东北及浙南地区通向外部世界的“山海门户”，轮船从赛岐起航，驶出三都澳，走向世界。从世界各地运来的商品，又在这里从穆阳溪、洋头溪、茜洋溪运进大山。坐落于穆阳溪畔的廉村，也有一处小小的码头，从赛江来的货物搭小船溯流而来，而山里的各种山货又从这里顺流而下，驶进赛江。赛岐因赛江而享有“闽东第一镇”、“闽东小上海”之美誉。

处在江与海交汇处的赛江也有潮起潮落。“环三”风生水起，赛岐立于潮头，抓住小城镇建设试点的机遇，加快发展。在研究探讨赛岐小城镇建设规划时，一位领导同志提出把赛江打造成“塞纳河”。把塞纳河的建设作为赛江建设的参照，视野是何等的开阔。大凡到过法国巴黎的人，欣赏过塞纳河美丽的人，无不迷恋塞纳河风情万种的自然风光和丰富的人文景观。有一位作者在文章中这样表述他对塞纳河的观感："没有塞纳河，就没有巴黎的兴旺繁荣，没有巴黎的湿润气候，没有巴黎的满目绿色，没有巴黎的浪漫风情，没有巴黎的文化底蕴，没有巴黎的人气指数，没有巴黎的……"

赛江，福安的母亲河，一头牵着大山，一头连着三都澳，川流不息，温暖着、滋润着、呵护着大地。

葡萄沟畅想

新疆盛产葡萄，吐鲁番有条葡萄沟。曾经在盛夏的七月，徜徉于葡萄沟下，享受着绿荫下的清爽，吮吸着葡萄散发出的那份芳香。葡萄沟是吐鲁番的一张名片。

其实，葡萄沟不是吐鲁番所独有。

也是一个七月天，我在闽东福安市的穆云畲族乡一个叫溪塔的村落，见识了被誉为“南国葡萄之乡”的葡萄沟。

从赛岐下高速，穿过繁华的赛岐镇，车行于穆阳溪畔。目之所极，溪水流淌，绿树成荫，近处的桃林上挂着透红的果实，那就是人们称道的穆阳水蜜桃，以桃汁甜且多而著称。蒙蒙的细雨，让人越发感到它的静谧与空灵。在欣赏田野风光中车至溪塔村。村民领着我们往葡萄沟走去，举目环顾，房前、屋后、近处的田野、远处的缓坡，无不被葡萄林所包围，绿意盎然。一座廊桥和谐地横亘于溪流之上，装点了这个村落。

溪塔的葡萄沟，建在溪流之上。清澈溪水流淌而过，溪石杂乱无序地浸泡在溪水之中，在水的浸润中，溪石光滑可鉴。这些溪石，让溪流添了野趣。我一直这样认为，杂石是溪的元素，少了杂石的溪就失去了溪的韵。这些溪石，让水时缓时急，时左时右；让水有了声音，哗哗的水声，是曲悦耳的旋律，在人们心中流淌。

葡萄沟的特色不在于溪，而在于搭在溪流之上的葡萄架。站在溪流中石块上，放眼望去，翠绿的葡萄架顺着小溪绵延而上，没有尽头。农民告诉我，畲民们利用秀溪、詹溪两条溪流，在溪旁种植野生刺葡萄，在溪面搭架，绵延近五公里，形成了沟上绿荫蔽日、沟下流水潺潺的特有景观。此时满架的葡萄青翠可人。当地老农告诉我，这满架的葡萄是野生刺葡萄，成熟的葡萄是紫色的。我问老农，什么时候能够尝到成熟的果实？老农说，初秋时分吧。我想象着，当这满架的葡萄都变得紫色的，那又该是怎样的一种韵致啊！

葡萄沟的葡萄由来已久，它不是外来品种，而是生于斯长于斯的“土著”。它生长在沟壑中，也生长于这溪畔。聪明的畲族人因势利导，搭起葡萄架，让它更好地生长。我询问这葡萄沟的历史，他们告诉我说，有三十多年了吧！听了这话，心有所触，这条葡萄沟似乎折射出畲族人的淡定，他们知道享受，也知道呵护，他们享受着大自然的恩赐，呵护着大自然的赐予。

那条潺潺而流的溪流，那条长长的、青青的葡萄沟，透着这个村落的风韵。

乐在万千壶穴之中

它的成因众说纷纭，一说是冰川作用，一说是水滴穿石……但我无心追究它的成因，只愿意行走于峡谷欣赏这奇美险的景观，感叹大自然的鬼斧神工。

从福安的赛岐下高速，沿着崎岖的山路盘旋而上，大约一个小时左右的车程，便到景区。初到景区，心里十分纳闷，目之所及要么是层层的茶田，要么是茂密的林子，这种景致在山区随处可见，并没有什么独到之处。在村民的引导下，我顺着一条弯曲的小道下到谷底，原来它的独到之处深藏于峡谷之中。

顺着峡谷溯流而上，映入眼帘的是溪流中显露出的怪异的岩石，有的宛如莲花，盛着一泓清水；有的是镂空的作品，给人无尽的想象；有的又不经意地展现在你的眼前，光滑而细腻……真是大自然雕琢出的艺术品。

长长的木栈道向前延伸，在一个洞穴中戛然而止。洞穴中没有了刚才那平坦的路，只得时而弯腰、时而侧身、时而手脚并用，仿佛是回到了猿人时代。随行的人艰难地爬行一段之后，站立起来，透过从空隙中泻下来的些许光线，仰视头顶之上看似将要堕落之巨石，发出惊叹……“好险啊！”我随着众人目光看去，从天而落的三块巨石，不约而同又争先恐后地坠落在半空之中，互不相让，相互挤压，最终只能相持在半空。我在心里想着，谁也别让啊，一让就玉石俱碎了。

峡谷上的景致最美的当算九龙洞。站在洞底，仰望洞口、仰望蓝天，清泉从高高的洞口飞流直下，散落着好几个壶穴，大小错落、色彩各异——有的如同琥珀般的金黄，黄中透着晶莹；有的如同玛瑙般的翠绿，绿中有着光泽。壶穴清澈见底，人影倒映其中，微波中不知是水在动、石在动，还是人在动。清泉直下溅起淡淡的水雾，湿润我的面颊，人们笑着、说着，有的弯腰用手掬起清水，品尝着它的甘甜；有的选择一个最佳角度，摆出各种姿势，把自己的身影定格在山水之中。

这让我想起了欧阳修的《醉翁亭记》：“醉翁之意不在酒，在乎山水之间也。山水之乐，得之心而寓之酒也。”观赏白云山壶穴，虽没有欧阳修的醉意，却也有欧阳修笔下的山水之乐。

那条有着姿态万千壶穴的峡谷名叫蟾溪。

漫步廉村

这是穆阳溪畔的一个村落，它的名字叫廉村。廉村原本名为石矶津，唐肃宗为感念其师、“八闽第一进士”薛今之的廉政清洁，敕封他所在村为“廉村”、水为“廉水”、岭为“廉岭”。

那厚厚的用条石构筑的拱顶墙门，那几代人用脚板磨得油光发亮的“官道”，那栉风沐雨、被岁月浸染的梁柱无不显示廉村历史之久远。村外历经风霜的原野，与村落和谐地融为一体。

廉村陈家祠堂大门前“世德求作”四个大字让人驻足，人们鉴赏着、交流着对这四个字的理解，祠堂内“覆载资生”的匾额，更是让人受到极大的震撼，透过高悬其上的嘉勉词句，似乎可以看到这位“八闽第一进士”的品德风范，这种风范以文字的形式得以传承，让后人以之为楷模。我琢磨着，如今，人们习惯在“文化”两字前冠上各种修辞，形成各类富有特色的文化品种，那么，这些高悬于祠堂之上的匾额和悬挂于大堂两侧的对联，是否也应当称之为匾额文化或祠堂文化？

廉村曾经商贾云集，“渔舟渔货并集。远通建宁府诸县，近通县城及各村落”。它曾经是直通大海的内港，又是沟通闽东北和浙南的水陆枢纽和物资集散地。我望着静静流淌的溪水，它虽已不具有运输货物和疏散人流的功能，但那用鹅卵石铺就的古通道，苔迹斑驳的古碑石，还是可以想象出它曾经的繁荣。

醉美翠屏湖

一个烟雨迷濛的午后，伫立于溪山书院主楼的屋顶上，环顾浩瀚的翠屏湖湖面，烟波浩渺。极目远望，湖依偎着山，山成了湖的依靠。山腰云雾飘绕，湖中座座小岛，似珍珠散落。雾雨望斯湖，别有一番景致。

每当在古田与屏南往来时，翠屏湖景色都会吸引我驻车观赏。倘若天朗气清，湛蓝的天空、青翠的山峦，倒映在湛蓝的湖水中，此时，我会把目光紧紧地盯在湖水中，观赏着水中倒影，天上云在飘，湖里云也在走，间或还有几只白鹭或野鸭掠过水面，在湖面划出一道道波痕。

翠屏湖景色最美的季节，当是在春暖花开之时或是在秋高气爽时节。春时，满坡桃红，漫山野花，近处的碧绿，远处的五彩，让翠屏湖变得热烈而奔放。翠屏湖畔桃林遍野，漫步桃林间，只见桃红不见绿，你不禁会吟起“人面不知何处去，桃花依旧笑春风”的诗句，你会心生一种期待，期待着夏时，品尝到颇负盛名的古田水蜜桃。秋时，一片金色，金灿灿的稻谷，秋风后退了绿的树叶，收获后的原野，秋日的阳光……它们把翠屏湖装点得明媚而富贵，你欣赏翠屏湖，有如欣赏油画般的欧洲景色。

美丽的翠屏湖，不是天然湖泊，也不是为观赏而建造的湖泊。50年前，翠屏湖址是一个逾千年历史的县城。20世纪50 年代，为了建设水电站，居民们离开了祖祖辈辈的土地。这里筑起了大坝，老城成了湖泊，也就有了现在的景观。时光不可倒流，但人们对老城的依恋却时时可以感受。在与上了年纪的老人们交谈中，可以看出他们写在脸上的那种眷念。我所站立的溪山书院，原本在旧县城东北郊外两溪交汇处的沙坂高地，建于公元991年，朱熹曾在此讲学，并题匾曰“溪山第一”，1958年溪山书院旧址亦随着老城沉入湖底。50年来，人们总是想着书院，念着书院，他们选择了离原溪山书院不远处的翠屏湖后垅后岛重建起溪山书画院。徜徉于书院，我感受到了文化传承的力量。我不禁想起范仲淹“先天下之忧而忧，后天下之乐而乐”的名句，为了提供光明，为了给生产提供能源而舍弃家园的人们，体现了这种情怀。

有风景而无文化，风景显得浅薄。翠屏湖是一个既有美丽风光，又蕴藏深厚文化的地方。记得有一次，坐在车上，大家讨论如何推介翠屏湖时，有人借鉴“拜水都江堰，问道青城山”的宣传语引出“戏水翠屏湖，祈子陈靖姑”的字句。泛舟翠屏湖中，艄公不仅会给你讲述“妇幼保护神”陈靖姑的美丽传说，也会告诉你千年古刹极乐寺与圆瑛法师的故事。你还可以弃舟登上具有“爱情之岛”之称的白鹭岛，感受群鹭翔栖的景致，也可以走进弥勒寺、天皇寺、华岩涌泉寺等古刹，感受佛教文化。翠屏湖文化底蕴深厚，自然风光优美，这一切深深地吸引着我。

承福之鼎

福鼎市有一条浮溪流，名叫桐山溪。溪岸边的鼎文化公园里，一尊巨大的鼎在晨光下泛着金辉，基座上镌刻着镏金的“福鼎”二字。这尊鼎，给人以沉稳而厚重的感觉。这尊鼎，暗合了这个城市的名称，也体现出了这种城市性格。这尊鼎，可视作这座城市的一张名片。

福鼎因其境内有福鼎山而得名。我没有考究福鼎山的取名是否与“鼎”有关，也不知道福鼎山的山势是不是如“鼎”。但当我想到福鼎这座城市的名字，更多地从字的内涵去思考。

鼎是我国青铜文化时期的代表，“鼎”字被赋予“显赫”、“尊贵”、“盛大”等引申意义，如：鼎盛、一言九鼎、大名鼎鼎、鼎力相助，等等。鼎是文明的见证、文化的载体。美学家李泽厚认为，中国青铜器以其“特有的三足器——鼎为核心代表，器制沉雄厚实，纹饰狞厉神秘，刻镂深重凸出”，是我国青铜艺术成熟期最具审美价值的青铜艺术品。“鼎”是喜庆之物，重大庆典铸鼎这一传统至今可见，联合国50周年华诞，我国向联合国赠送一尊青铜巨鼎——世纪宝鼎，全球因此而掀起的“宝鼎新闻热”，这也成为当年国际十大重要新闻之一。西藏和平解放50周年庆典之际，中央政府向西藏自治区赠送“民族团结宝鼎”，它矗立于拉萨人民会堂广场，象征民族团结和西藏各项事业鼎盛发展。

福鼎人有福气，拥有了这样一张好名片；福鼎人好聪明，珍惜和开发这笔无形资产。建设鼎文化公园，挖掘鼎的文化内涵，开发鼎产品。是啊！福鼎有着巨大的旅游资源，每年游客纷至，把“鼎”开发成旅游产品，让游客到福鼎旅游，买个“福鼎”回去，置之陈列架上，时时观之，时时回味；福鼎又是一个白茶之乡，鼎是盛物之器，倘若以鼎装茶，可以说是相得益彰。

回望置于鼎文化公园的那尊“福鼎”，那是一尊有福之鼎，盛着人们万千祝福，万千心愿。

行走太姥山

个月内，上了两趟太姥山。遗憾的是，两次都是阴雨绵绵，山被薄薄的雾笼罩着，留下的印象也是朦胧的。但夜深人静之时，脑海里太姥山的景象却清晰地浮现出来。

离开了石头，太姥山就没有景色，离开想象是体会不到太姥山的景色美妙的。步入景区的大门，站在登山口的广场上，目光顺着导游指向的那个山头望去，在薄薄的雾中，隐约可见嶙峋怪石，导游滔滔不绝、绘声绘色地描绘着眼前的景色，游人们顺着导游的指点寻找他所描绘的景象，不时地发出“像”“真像”的赞叹。顺着刚刚搭建的木栈道，拾级而上，看到了“十八罗汉岩”、

“仙人锯板”、“夫妻峰”等逼真传神的造型，不禁赞叹大自然的鬼斧神工。导游所描述的一些景观，是想象的产物，他们把古代的一些神话传说、生活中常见的景象赋予了这山，才有了这些景观的名字。倘若我一个人独自行走于景区之中，自个儿放纵想象，说不准还能够想象出更丰富的景象来。旅游的乐趣在于想象，旅游文化在想象中丰富，在游客参与创作中延续和丰富。离开了想象，山就变得枯燥了，行走也变得无味了。

太姥山多岩洞有一百多个。它们形态各异，各具特色。如此多的岩洞，自然是太姥山的绝佳资源。游岩洞，比起在栈道上行走观景艰辛得多，记得那次在欣赏了赵朴初先生书写的“太姥胜景”和丁仃先生的“果然名山”的摩崖石刻后，从“七星洞”穿行岩洞返回到山下。与其说穿行于岩洞中，不如说是手脚并用地在岩洞中爬行。有些地段看上去削壁夹巷，个子大的或是肥胖的人总担心自己过不去，可是，只要你敢上前，并不会因为身材而被挡住。每次从岩洞中出来，都会让我从中得到许多的感悟，感悟到了彼此照应的温暖，感悟到大自然的宽容，感悟到人生之途其实也如同这岩洞坎坷崎岖。倘若你想顺利地通过，需要具有应对坎坷崎岖的能力。

在太姥山中，我最爱站立于“绿雪芽”摩崖石刻前，听着导游讲述太姥娘娘用绿雪芽茶制作成治疗麻疹的圣药救治孩子的故事。静静地长在岩石边上的这株绿雪芽古茶树，让人不禁联想起生长在武夷山九龙窠高岩峭壁上的“大红袍”名枞。它也有一个救人治病的故事。茶因名山出，山因名茶扬，联结其中的是一种爱、一种大爱。

留在脑海中的太姥山的印象非常零碎，因此文字也显得零碎。即便是这样，我的心里已经记住了，福建福鼎有一座太姥山。

穿行“一线天”的感悟

又一次登临太姥山，又一次穿过一线天，心灵也在穿行中得到净化。

巨石崩裂形成的一道裂隙吸引着众多游者来到其间，享受大自然赋予的刺激与畅快。在我即将进入一线天的时候，抬起头，仰望着矗立在我眼前的巨石，大自然的鬼斧神工让我震撼。

侧着身子进入一线天，整条裂隙漆黑一片，只听到前面传来的人声，从中感受和判断小道的坎坷。抬起头，从小小缝隙中看到一丝微弱的光线，看到生长在石缝中的小树，它们在寻找着机会，把自己的根扎进石块上的任何一道可以供自己生存的石缝中。这倒让我注意到过去见过的长于石块之上的树木，它们不算高大，但根系发达，有的甚至把整块巨石紧紧在裹在中间，去吮吸岩石中的水分，艰难地拓展着自己生存的空间。它们长得不算郁郁葱葱，但却透着沧桑。

幽默的导游把穿行一线天称之为做一次体操运动，不时地在前面传话来，说现在做侧身动作、现在做腹背动作、现在开始下蹲动作……一次单调的穿行变得诙谐，大家在笑声中前行。在穿行中，我渐渐地体会到要穿行一线天，不仅需要手脚并用，而且还必须寻找恰当的体位。比如，导游所说的侧身运动，其实就是两边的石壁狭小，只能够侧身而过。记得我经过时，前胸已经贴着石壁，后背也紧紧地靠着后壁，整个身体似乎是擦着石壁而过的。下蹲运动，就是在上下交错的两块石头，只有蹲下，头才能从交错的空间中穿过。让我感到惊奇的是，不论是侧身还是下蹲，我的身体经过时，已经感到没有多少空间了。我的心里在琢磨，我的身体不算胖，如果再胖一些的人能过吗？导游似乎看透了我的心思，说，大自然总是神奇的，不管是胖的还是瘦的，穿行一线天，都能够顺利通过，相反，它却考量着每个人的胆量，如果你怯步了，那你就很难享受到其间的乐趣了。

穿行一线天，回来已经有些许日子，但我的脑海里一直在琢磨着，大自然似乎给我们揭示了些什么，我们又能从中悟出些什么。其一，倘若把穿过一线天作为我们的目标，实现这个目标，不可避免地需要侧身与下蹲。可见没有科学的方法，你就不可能达到预期的目标。其二，大胆前行，不望而却步。只要你有足够的胆量，大自然也总会以它宽容的胸怀接纳你，让你享受大自然的乐趣。游览大自然如此，成就事业也如此，事业总是垂青于有识者。其三，适者生存。我们必须像那棵长在岩石上的小树一样，相信环境再艰难，都有自己的生存空间，关键在于你必须正确理解什么是“适”，怎样成为一个适者。

嵛山岛之美

崳山岛是福鼎市管辖的一个岛屿。在一个天空并不晴朗的秋日，我去了趟嵛山岛。

从霞浦的三沙镇，登上渡轮，半小时左右，便到了被喻为“中国最美十大岛屿”之一的嵛山岛。

岛上只有几家简陋的商铺和普通的餐馆，说明岛上旅游业并不红火。导游告诉我，小岛是一个乡级建制，有四个村落，岛上的居民以渔业为生。

车沿着山道向着山顶慢慢地爬去，透过车窗看去，山涧中一道白色的水流从高处直流而下，颇为壮观。在海岛上见到这样的瀑布，让我有些意外。导游说起这道瀑布时，流露出一种得意的神情。他说，这道瀑布，就是在最干旱的时节也没断过流，岛外缺水时，它还向岛外提供饮用水。导游的介绍，确实让我有些出乎意料。大凡岛屿，缺的就是淡水，嵛山岛面积不大，而淡水资源如此丰富，应当也可算是岛屿的一大特色吧！

车到了山顶，人们称为“大天湖”的湖泊跃入眼帘。在嵛山岛还有另一个湖泊叫“小天湖”。这两个淡水湖被誉为嵛山岛的“双珠”。说起淡水的来源，人们纷纷猜测，是不是天然雨水形成的。导游否定了这个猜测，但也说不出所以然，只是说岛下有条地下河，河水在地表的压力下涌出，形成了这两个湖泊。

下了车，沿着那碎石板铺就的小路前行，小路两旁搭建着帐篷。夜晚，驴友就在这湖边燃起篝火，把自己融入夜色中，尽情地吮吸着原野的芳香，尽情地放松疲惫的心情。环顾大天湖的四周，层层的茶叶林，错落有致。翻过“大天湖”的山峦，站在山脊上，山坡下的“小天湖”、漫坡的草甸让人惊叹——这种景致，如同我曾经在新疆额纳斯湖看过的景观。漫坡的草甸，深可没膝，眼下已经深秋，草已经有些枯黄，在枯黄的草丛中，偶尔可以望见一些叫不上名字的野花，远处的向阴的山坡生长着一片郁郁葱葱的风水树。这野花和绿树让充满沧桑的草甸多了一丝生气。草甸之中，不时可见一些年轻人留下自己的倩影，又让这草甸多了些许浪漫。我望着这已经枯黄的草甸，心里琢磨着，倘若是春天，这片草甸该充满多少生机啊。

嵛山岛由大嵛山、小嵛山、鸳鸯岛等11个岛屿、4个礁石组成。站在山脊上，极目远眺，虽然天气不见晴朗，但透过若隐若现的雾，隐约还可以领略到“海角晴空”之韵味——隐约可以感受到大海之辽阔，可以听见海浪的搏击声。

从嵛山岛下山，心中仍在自问着，嵛山岛美吗？脑际间不断地寻找它美之所在。但在不知不觉间，我把这个问题变成了“嵛山岛吸引我吗”。因为，只有吸引人的地方，才是美的地方。嵛山岛是这样的一个地方。它有“南国天疆”之情调，有海岛瀑布之神奇，同时，它还如同一个尚未开发的处女地，它美在原生态、美在荒芜、美在静谧。

锦绣际头

车沿着霍童溪向屏南方向行驶，离县城不远处有一个村落，叫际头村。它享有第五批国家级历史名村、福建省历史文化名村之美誉。曾经无数次从村边经过，却不知距宁屏二级公路仅区区数百米的地方，有这么一座古老的、富有人文积淀的村庄。

认识际头村，是从认识石牌坊开始的。在宁屏路旁，有一条用石子铺就的小径向山里伸去，走了三五分钟，便来到一条古时的“官道”，不长的“官道”的两侧，矗立着多座石牌坊。历经风雨的侵蚀，石坊上的那些文字变得有些模糊。但我知道，寂寞地立于“官道”两侧的每一座牌坊，都有一道“圣旨”，都有一个悲中透着感动的故事。它们成了人们了解际头文化的一部分。

穿行于村落之中，感受着浓浓的文风。“养生谷为宝、继世书流香”，辩证地告诉人们物质生活与精神生活的关系。“四壁书声人静后，一簾花影月明初”，让人仿佛听到夜深人静时村落中的朗朗读书声。走在村落的小道，如同走在历代际头人探索并实践的亦耕亦读、以耕为本、以读致仕的“耕读传家”的路子上，接受“耕莫忘诗书”的处世理念。

依依不舍地走出际头村，那曲《锦绣际头》依然回绕在耳际。际头如岁月酿造的美酒，醉了冬夏、醉了春秋。

一条小溪从村中穿过

一个寒冷的雨天，撑着一把伞，行走在被雨水浇湿泛着油光的石板路上，兴味盎然地观赏在溪流中嬉戏的鲤鱼，急切的心情渐渐地舒缓。

这是一条穿村而过的溪，它的名字叫鲤鱼溪。我第一次走进这个村落。鲤鱼溪清澈见底，成群的鲤鱼在其间悠游。蹲在溪边洗衣的村姑，拿着孩子递过来的光饼，一小块一小块地掰开，扔入鱼群之中，鱼儿蜂拥而至，张开小嘴，发出“滋滋”的声音，这声音像是情语，愉悦着人们的心情。阳光照在红红的鲤鱼身上，整个溪流泛着金光。

鲤鱼溪是一条富有故事的溪，也是充满传奇的溪。

村民们非常善待这段溪流中的鲤鱼，从来不捕食生活在这儿的鲤鱼，在村尾，还建造了鱼冢，每当有鲤鱼翻白了，村民们就会主动打捞，把它置于鱼冢之中。

行走于溪岸，感受人鱼同乐的意趣；行走于溪岸，感受淳朴的乡风。因为这意趣，因为这淳朴，我有一种再一次走进鲤鱼溪的心愿，而且这个心愿随着岁月的流逝变得越来越强烈。

这一次走进鲤鱼溪，不免有些失落，溪水不再如想象中那样清澈，鱼儿也少了许多。村民告诉我，上游在搞建设，水土流失，溪水变浑浊了。天气凉了，鲤鱼也躲进了深水之中。

村里的房屋有用杉木建造的，也有土垒的，色彩斑驳。蓦然间我看到这样一副对联：“北口联芳锦世泽，南湖倡学耀家风。”读着它，我感觉到中国传统文化的力量。

一个静静的村落，一条穿村而过的小溪，人鱼同乐的意趣，淳朴的乡风……这一切让人回味！

悠悠鲤鱼溪

十多年前，我曾经流连于周宁的鲤鱼溪畔，观赏着在水中悠然畅游多种色彩的鲤鱼，听着那有关鲤鱼的种种传说。在感受村民们对鲤鱼崇拜的同时，不时地向溪流中抛投着鱼食，鱼儿们争相嗫食发出的“啾啾”声让人十分愉悦。

在闽东走多了，渐渐发现，鲤鱼溪不是周宁独有的景观，在屏南的际头村、在寿宁的西浦村等宁德的多处村落中，都有一条穿村而过的鲤鱼溪，村民们将生活在这里的鱼儿视为神鱼，村民们还为它们建起用以安息的鱼冢。

开始我有些不解，村民们为什么在村中的那段溪流中放养鲤鱼，这些鲤鱼为什么能够在村民们心中占据着如此重要地位，让村民们以“神鱼”相待。一位村中的长者告诉我，在那兵荒马乱的年代里，偏僻的山区土匪出没，族群纷争时有发生，村民们为了防止不善之徒往溪流中投毒，就在这穿村而过的溪流中放养了鲤鱼，以鲤鱼的生存来判断水源是否安全。随着岁月的流逝，村落中有了自来水，用鲤鱼来观察水质的功能已经成为了历史，但是，鲤鱼依然被敬为“神鱼”。

如今，小溪中的鲤鱼还是那样悠然，虽然它们已经不肩负着保护饮水安全的重任，但是，村民们依旧崇拜它们。经过漫长的岁月浸润，鲤鱼文化已经成为一种民俗，融入于村民的生活之中，变成了一种自觉的文化。

游览鲤鱼溪，在感受鲤鱼悠闲的同时，还能感受淳朴的乡风。

滩涂——闽东动听的乐曲

眼下所见的这片水面名叫铁鸡湾，是一片滩涂。潮涨时，海水漫进，滩涂成为海的一部分，浩瀚辽阔。退潮时，海水渐渐地退出，滩涂露出了真容，阡陌纵横。顺着高速路前行，车停在云淡服务区小憩，眺望七都镇的一片滩涂，退潮中裸露出的一片湿地上长着水草，随着微风飘动，像是在吟唱一首放松而宁静的曲子。在潮涨潮落中形成的一块块图形，像是耕作后形成的一幅幅几何图案，又如艺术家笔下的“水墨画”。记得有一次，从福鼎到蕉城，突然浓云密布，顷刻间暴雨倾盆而下，车行至桥上时，天空的景色让我惊叹。桥的西面是厚厚的云层，闪电不时将厚厚的云层撕裂，让人惊悸。而桥的东面，太阳从层层叠叠、浓淡不一的云块中挤出来，阳光洒在连绵的绿洲之上，染上了一层金晖。还不算是闽东最美丽的滩涂。闽东的最美滩涂应该算是在霞浦。有人这样描写霞浦的滩涂："霞光铺满的海岸，四季变化的海事活动，奇妙诡谲的满海竿影，梦幻亮丽的海上家园，翩翩飞舞的鸥鸟，金色沙滩褐色礁丛，海湾远空的日出日落……都是那样令人称奇叫绝。"也有人把霞浦的滩涂比作"梦幻滩涂"，每年十多万摄影爱好者慕名而来，大凡有反映滩涂题材的摄影作品在全国获奖，几乎都是在霞浦拍摄的。这些摄影者用自己手中的"长枪短炮"，把霞浦滩涂的美丽展示在世人的面前。霞浦因为它的梦幻而成为"摄影人必去的十大摄影圣地"之一。

欣赏闽东的滩涂，像是在静静地欣赏一曲曲美丽动听的乐曲。芦苇丛中不时惊起的白鹭低沉地鸣叫着，还不时传出野鸭的鸣叫声，鸣奏出一曲原声态的曲子。浅滩中一排排的竹竿、石柱，间杂浅滩上的浮标竹竿、小舟渔网，在光影中变化出丰富的色彩，形成优美的韵律。曾经醉于草原牧歌，"天苍苍，野茫茫，风吹草低见牛羊"

的民歌让我想起了草原的辽阔；也曾经醉于田园牧歌，牧童悠扬的笛声让人感到田园的静美。而这里每一排的竹竿石柱、每一张渔网，都如同一个音符，连缀成一首首滩涂牧歌。这曲子和着劳动号子，表达着对海的依恋。大海用它的大爱，抚摸着每一片滩涂，也养育了这里的子民。

晨时，初升的太阳把滩涂抹上一层金晖，你可以看见渔民们沐着晨光，在金色的滩涂中讨小海；暮时，夕阳映在滩涂之上，一片片滩涂变得更加朦胧。暴风骤雨时，天空中浓浓的云、急促的闪电，那在风雨中飘摇的竹竿、石柱和鱼网，那为了保护自己的果实与风雨抗争的人们，奏出了激情澎湃的交响曲。

欣赏闽东的滩涂，像是在静静地欣赏一曲曲美丽动听的乐曲。从这乐曲中，可以感受到造物主的爱之美。滩涂是经年累月的潮起潮落作用下海岸与海水间形成的潮间带，滩涂是大海留给人们休养生息的一份礼物。在《福宁府》志中写道：“福宁州，西北依山，东南际海，鱼盐螺蛤之属，不贾而足，虽荒岁而不饥。”宽阔的滩涂，养殖了众多的近海产品，养育了这里的子民。曾陪同一位华侨到霞浦观光，在欣赏山水风光之余，品尝了各式的贝类食品，她说，许多贝类是她从来没有见过的。是啊！闽东的滩涂生长了诸如二都蚶、单脚蛏这些独有的贝类。闽东的滩涂，也为闽东的现代化建设拓展了广阔的空间。

滩涂是闽东一道亮丽的景，展示着闽东的魅力。

到杨家溪做一次养生游

曾经在登临天游之后乘筏泛游过武夷山的九曲溪，观赏着两岸景色，听着筏工讲述着关于武夷山的种种传说，既一洗登临天游的疲乏之感，又弥补了“从山看水”而不“从水看山”的缺憾。也曾经乘筏泛游泰宁的上清溪，人坐于竹筏之上，看着竹筏头在激流中时而潜入水中时而高昂，激起热情的浪花，心弦随着筏的起伏而起伏，种种惊险不时袭来。

九曲因美而让我留恋，上清溪因险而让我记于心。杨家溪呢？她又有什么可以让我存于脑海之中的？

坐上杨家溪的竹筏，竹筏随流而去。宽阔的溪面、缓缓的溪水、无语的筏工，游客你一言、我一语地天南海北、不着边际地调侃着。久了，让人心生寂寞，寂寞中有人把脚丫伸进水里，享受着溪水的凉爽，有人静静地观赏着清澈见底的鹅卵石……在水的浸润下，石子斑斓，让人有了跃入溪水，拾起一颗石子的欲望。

乘筏泛游杨家溪，感受着静谧带来的寂寞与乐趣。杨家溪两岸没有武夷山那样形象逼真、可以绘声绘色描述的景致，也没有上清溪那样泛游中的惊险，有的只是沉默的层峦叠嶂。岸边的绿树、低缓的绿洲、不时映入眼帘的村落、随风飘荡的芦花，有一种舒缓妥帖之美。从芦苇丛中或岸边茶林中惊起的鸟儿，贴着溪面浅浅地飞翔，画出了一道道涟漪。有人说，杨家溪的缺憾在于无景，我却以为，杨家溪有景，这景是大景、远景，只有从大处看，你才能领略到杨家溪的美景。欣赏杨家溪的景色，让我想起“关关雎鸠，在河之洲”的意境。也让我想起了人们向我描述过的杨家溪的秋景，脑海中涌出了“秋染枫叶红，溪畔芦花黄；鱼戏乘筏人，鸟鸣树轻摇”的诗句。

在泛游中，同筏的游客论起杨家溪与武夷九曲、泰宁上清溪的长短时，筏工说道，杨家溪是一个天然的氧吧，泛筏杨家溪可以当做一次养生游。筏工的话，得到同筏不少人的附和。天然的氧吧、养生游，这顺应了当今人们对健康的渴望，也算是泛游杨家溪的一大乐趣吧！

倘若有闲暇，我还会走进杨家溪，再做一次养生游，在青山绿水中，饱吸负氧离子。

杨家溪的榕树

在榕城（福州）工作时，无论是穿行于街头巷尾，还是在庭院之中漫步，都可以看到浓阴蔽日的榕树。闲暇之时，也时常骑上自行车，去观赏散落在榕城各处的榕树，榕树让我心灵愉悦，带给我美好的享受。

在闽东工作时，听说杨家溪有一片生长纬度最北的榕树，我就兴冲冲地去了。

走进杨家溪的榕树公园，映入眼帘的一排榕树让我感到非常的惊讶。那一棵棵榕树硕大的躯干生长出弯弯曲曲的枝，向着一个方向旁斜生长，形成了一道长廊。风雨淘空了榕树的躯干，便有了树洞。有人钻进树洞，从树洞中露出一张微笑的脸，做出调皮的手势。细看，许多榕树其实是紧紧相抱、融成一体的。这些紧抱在一起的树干，原本只是气根，当主干渐渐地被腐蚀时，那些由气根而长成的树干把自己融入主干，依偎着主干、滋润着主干、回报着主干，它们在相互依存中获得了自己的生机。倘若问我什么是榕树精神，我想，这就是榕树精神。

榕树根，向着脚下的土地恣意地延展着，有些树根裸露于地面，看上去如同一个劳作了一辈子上了年岁的老人腿上裸露出的青筋。有了恣意扎进这片土地的根，才有这片榕树的繁茂。我欣赏绿叶，更欣赏这些发达的根系，是它吮吸着大地的养分，才有这茂密的参天大树。

我静静地欣赏着这排榕树，它的形、它的势、它的枝、它的根……杨家溪的榕树，杨家溪的一道景。

杨家溪摄影记

墙上挂着一幅风景照。不少朋友欣赏后，问我这是哪儿的风景。当我告之这是霞浦杨家溪的景色时，他们无不惊奇：我也去过杨家溪啊，怎么就没有感受到这般优美、朦胧而又幽静的景致？接着，他们往往会刨根问底：你是如何捕捉到这番美景的啊？每每问起，我都含笑作答：碰巧呀！巧在碰上了一群摄影爱好者，他们将自然景色加上人工雕饰，造出了这番景致。

去年夏天，陪同客人到杨家溪旅游，走进榕树公园，徜徉于枫林之间。流连于绿冠相连的榕树群中，一边吮吸着荒草的野香，一边沐浴着清晨的阳光，心情舒畅惬意。

正当我陶醉于优美的景色和动人传说的时候，一阵吵闹声传入耳际。循声走去，原来是一群摄影爱好者正在营造摄影环境。他们拾来了干草，在榕树的隐蔽处点燃，那淡淡的烟顺风飘向树冠下的一片开阔地，造出了清晨淡淡的“雾”。雾中，两只老牛悠闲地在树下啃着草儿。边上，一位头戴斗笠的村妇，穿一身绣着花边的青衣，扎着白色的布腰带；再边上，是一位老汉，他坐在不远处裸露于地面上的树根上，手里拿着一根老式的烟杆。老汉偶尔站立起来，一只手背在身后，另一只手依旧握着那只老式烟杆。不论是站，还是坐，老汉都不时地吸上几口烟，那布满皱纹的脸上写满了自足、淡定与悠闲的神情。

在他们面前大约十几米的地方，三四十位摄影爱好者兴高采烈地站着、蹲着、趴着，有的还找来可以垫脚的“家伙”，努力让自己站得更高些，个别索性就站到树干上，从枝繁叶茂的榕树上探出头来。他们手里都拿着“长枪短炮”，一个劲地按动着快门。有的还冲着那拿着扇子、控制烟火的人喊道：“扇轻点，烟太大了”；有的拉开嗓门：“往右边扇，往右边扇”；有的对村妇说道，头抬高一些，脸再笑一些。他们不亦乐乎地忙碌了一会儿后，又有人开始要求村妇和老汉变化一下造型，同时还让两只牛的位置也变化了一下。那村妇、那老汉一点都不生涩，仿佛已多次历练，始终娴熟地配合着摄影发烧友们的各种要求。

“咔嚓”声不断地传入耳际。作为一名业余摄影爱好者，我也被这眼前的景色所感染所陶醉，竟不自觉地掏出“口袋机”，“咔嚓、咔嚓”地按动快门。于是，就有了这张镶在镜框中的风景照。

朋友说，碰巧是碰巧，但如果不倾心于美、不捕捉美，美又如何会眷顾、钟情于你呢？就像生活，只有去热爱才会有回报啊。我听完，含笑不语。

寿宁印象

寿宁曾经在我的脑海里留下了深深的印象：从弯弯曲曲的盘山道爬上了山顶，还不见县城的模样，快到了盆底，县城才进入你的眼帘。有人形容说，寿宁县城如同建在锅底，四面环着山，城就建在这锅底里。明朝县令冯梦龙在《寿宁待志·城隘》中写道："城囿万山之中，形如釜底，中隔大溪。"非常确切描绘了寿宁县城的环境。

十多年未与寿宁谋面，2009年底，当我再次走进寿宁时，固有的印象被彻底地颠覆了。颇具规模的东部新城映入眼帘，让我感受到现代的气息。

那天，天还下着蒙蒙细雨，车从福安城区穿过，沿着溪向着山里驶去，沿途的绮丽风景丝毫调动不了情绪。

想着车到斜滩后盘山而上的山道，心里直嘀咕：可能又要晕车了。虽然同行的人告诉我，到寿宁的道路经过改造，不再走斜滩那盘山道了，可我心依旧嘀咕。在我的心里，闽东的县区分布，除了古田偎依着福建的母亲河闽江，其他八个县区呈现出山海两条线的分布，屏南、周宁、寿宁、柘荣处在山之头，蕉城、福安、霞浦、福鼎处在山之底、海之边，连接山头与山脚的有霍童溪、穆阳溪。如果将宋代诗人李之仪“我住长江头，君住长江尾。日日思君不见君，共饮长江水”的诗句稍作修改那就是“我住山之头，君住山之脚，日日思君不见君，共饮一溪水”。随着交通的改善，虽无日日思君不见君的焦虑，但共饮一溪水依旧。大山，让沿海的城市有了依靠，获得了青山绿水；大海，让山区县城有了出口，沐浴着海之风。

车过五曲，一直前行，穿过了隧道。同行的人告诉我，山下就是闽东四大文明古镇之一的斜滩镇。停下车子，向外张望，斜滩映入我的眼帘。古时，这里是商贾云集之地。人们把通过小船运送而来的海产品和从山上肩挑马载而来的茶叶、笋干之类的山货在这里集结、交易。

之后，山货装上小船，顺着溪流流向山外，海货沿着那弯弯的山道，挑进大山。这里是商贾云集之地，也是名人汇聚之地、人才辈出之地、人文滋养之地。古时县令宋际春作有《咏斜滩》诗云："岭势从天下，滩流委地斜。风烟团一市，竹木绕千家。夜剧村偶逢，春寒县闭衙。鲤灯今夕见，百里最繁华。"诗歌形象描绘了当时斜滩的繁华景象。

登车继续前行，车在平缓的公路上行驶，我又想起冯梦龙。记得那一次走进寿宁县，百姓口中念着这位在寿宁为政四年的县令。不仅仅因为他的文学作品《三言》，更因为他在寿宁所创下的业绩——那建在蟾溪之上至今仍有防洪作用的东坝。政声人去后，三百多年，人们依旧念着这位县令。

车过南阳，视野变得开阔，一片建筑进入视野。这是正在建设的东部新城。初具规模的新城，人工湖坐落城中央，湖中泛着轻舟，医院等建筑环湖而建，顺坡而建，层次感丰富。从这里不要两三分钟，就进入老城区。东部城区的建设，让"城囿万山之中，形如釜底，中隔大溪”的城区格局发生了变化，寿宁展示给人的不再是“锅底”。再望着远处的缓坡，想起曾经到过的加拿大魁北克城，满城如装点在鲜花之中，充满着浪漫色彩，如果在这山坡和溪流两岸种上满山的杜鹃，那花开时节，这座新城该是多么浪漫啊！

行走于县城中心处的蟾溪上，昇平桥和仙宫桥两座廊桥似彩虹卧波，静静地横跨在溪上。廊桥是闽东的特色，每一次行走于廊桥之上，都为廊桥所具有的遮风挡雨的功能所感动。每一座廊桥都透着爱，是人们心中爱的物化。据说，寿宁县目前还保存19座各式各样的廊桥，数量居全国之冠。县里的同志告诉我，表现廊桥、北路戏、吊九楼等最具寿宁特色的民俗景观的故事片《爱在廊桥》正在拍摄之中。影片“以国家非物质文化遗产北路戏以及寿宁独特的廊桥文化和民俗景观为原型，描述了兴盛于20世纪60年代的北路戏在一场车祸中化为乌有。北路戏因为诸位演员车祸丧生和戏班班主林福坤的失踪而在小镇消失。北路戏演员依妹在车祸中侥幸活了下来，开了个面作坊维持生计。二十年后的一天，人们熟悉的贯木廊桥上来了一位陌生的男人，娴熟地绘着廊桥上的彩绘，这个陌生的男人叫长天，他的到来搅乱了依妹早已平静的心，也将小镇搅得热闹起来，阔别二十多年后，人们再次听到了那久远却熟悉的北路戏声”。他们说，编导们着力把他们打造成中国版的《廊桥遗梦》。我心里期待着能先一睹为快。

寿宁县的领导告诉我，他们把自己看做是承接长江三角洲的桥头堡。从县城出发，过南阳，穿西浦，30分钟左右就到了浙江省的泰顺县。他们正谋划着做好北大门的文章，在南阳建设工业区，把西浦这个千年名村打造成旅游度假胜地。

谁说寿宁是个封闭之地，寿宁人以它独有的思路，发挥着紧邻长江三角洲的优势，谱写着一首开放新曲。

诗情画意古西浦

曾经走进这个村落，感受那里的山水与人文，从离开起就牵挂着它，急切希望再次走进它，体会“两岸农家烟漠漠，十桥风景柳依依；金钟山下流芳远，览胜游踪客忘归”的意境。

这个让我魂牵梦萦的村落位于寿宁东北部闽浙交界处，它的名字叫西浦。在村口下车，望见矗立的牌坊上题刻着“千年名村”，这四个字已经让我感到这个村落非同一般。

站在村口，注目整个村落，如同在欣赏一幅清新雅丽的山水图。举目远望，村落倚靠着大山，透着厚实；低头近视，村落位于西溪与犀溪汇合处，溪岸上，杨柳青翠，又添了村落的灵气。有水自然就有了桥。西浦不仅有桥，而且桥多，有人形容说，西浦之美，美在“三步一柳，十步一桥”，还有歌谣唱道：“西浦风光瞧一瞧，三排碇步十座桥。”当地村民告诉我，在不到两千米的河段上，却有13座形态各异的桥。溯溪而望,有好几座桥进入眼底。最近处的一座是琴桥，俗称碇步、马蹄桥。说是桥，又与我所见的桥形态不同，它是在溪河中，每隔一小步，立方石一块，这方石也称为碇石，碇石之间空出，以便水流通畅。碇石高出水面，行人不必蹚水。行走于琴桥之上，小心翼翼地抬步或落脚于碇石之间，清澈的溪水从碇石间流去，形成了一股白色激流，在矮堤的落差间形成了瀑布。走过琴桥，一对恋人正依着老樟树拍着婚纱照，甜蜜而柔情，琴桥成了背景。那棵百年古樟象征天长地久，那座“琴桥”，又取“情”之谐音，走在“琴桥”上，如同走在“情桥”上，心中流淌着爱。

与“琴桥”平行相距仅十余米的溪流上，有一座廊桥，廊顶上的匾额镌刻着“状元廊”三个字。西浦成为“名村”，不只是秀丽的自然风光，还在于它所具有的独特的人文品质。西浦享有“状元故里”之美称，孕育了

"特赐状元"缪蟾,"特奏名"缪昌道、缪守愚,进士缪从优、缪正叔、缪梦弼等近二十人,以及不计其数的举人、贡生、太学生。我驻足于状元坊前,大门中部上镌刻着"状元"两字,坊顶镂刻着图案浮雕。穿过这座主体建筑,迎面是一座呈六角形、琉璃瓦顶的亭子,叫"皇姑亭",亭中藻井彩绘精美。徜徉其间,一面观赏着一墙贺匾——每块匾上的文字和图案都是一件书法和雕刻的艺术精品,一面听着村民给我介绍有关状元的故事,从他们的言语中,可以感受到不是在单纯讲一个故事,而是在讲述一个家族的荣耀。随意行走于村落的一条条小巷,看一座座古民宅,门框上都刻写着对联,门楣上都刻着象征年年有余、福禄双全的"鱼"、"鹿"浮雕。望着一幅幅对仗工整、寓意深刻的对联,浓郁的文化气息扑面而来。

一条小溪在村落中流淌,鲤鱼欢快地畅游着,溪流泛着波光。一位村姑蹲在溪流的石板上浣洗,神情平静而又专注。有诗云:"江声盈耳鸟声甜,树影婆娑入眼帘。户绕长街三里市,浣衣女子语如弦。"这也许就是这个"千年名村"的写照。

含溪素描

含溪，寿宁县的一个村落，坐落于四面丘陵的盆地之中，水泥浇铸的小道如同一条银色的丝带，一头连接着村庄，一头连接着大山外的世界。

这小小的村落，远处是青山绿竹，近处是黑瓦木屋，一条小溪从村前穿过。已是上午的九点多钟，村庄还是十分寂静，见不着几个人影。这般情景，出乎我的意料。我向一个村民询问，他告诉我，村里原有三百多人，现在常住的只有八十多人。条件好的，搬到城里住了，条件一般的，也搬到镇上去了。哦，我找到了答案，在富裕的同时，村民们也在更新自己的观念，大家渐渐地离开了祖祖辈辈居住的家园，把自己融入一个新社群中。

徜徉于新落成的含溪革命纪念馆，那里丰富的馆藏资料，向人们形象地讲述了发生在这块土地上的一切。从中我了解了闽东独立师与红军挺进师两度会师，建立了革命政权的伟大历程；我知晓了先辈们在这块土地上与敌人作殊死搏斗的斗争，献出了青春；我听到了百姓支持红军的生动故事……我心潮澎湃。

走出革命纪念馆，再次环顾这块土地，这是一块曾经点燃星火的土地，一块经过战火的土地，一块被鲜血浸染的土地。行走于村庄之中，眺望青山绿水，感受田园的宁静悠远。但当你走进这个承载着红色历史的纪念馆，一股浓浓的战火硝烟扑面而来，让人经受一次心灵的洗礼。

凝望廊桥

凝望这座廊桥，如同欣赏一幅风景画。

这画很美，廊桥依偎青山绿水，错落的梯田是它的依靠，温柔清澈的溪流是它的情思。桥因水而建，桥离开了水，便只有阳刚之气而少了阴柔之美。闽东多廊桥，而我所见到的每一座廊桥，无不依偎着山，无不流淌着水。我每见一座廊桥，都会怦然心动。长桥镇上那座翠竹掩映的廊桥被称为最美最长的长桥，桥下溪流边上一片绿洲，黄昏下，孩子们快乐地玩耍，几只水牛悠闲地啃着绿草；还有那座寿宁西浦的升仙桥，短短二三十米，它一头连着村落，一头连着进山的小路，那条小路已经被水泥路所替代，但廊桥依旧是那样的古朴。它给这幅风景画增添了历史的元素。

一座廊桥就是一座造型优美的建筑，大气而又平衡。每一座廊桥的两侧都建着长长的可以供人休息的椅子，坐在这椅子上，享受徐徐清风，观赏着溪流两岸低垂的杨柳，观赏着远山层层梯田，自在且惬意。

一座廊桥，把本不连接的路贯通了，从村庄通向大山，通向滋养百姓的大山，那是一道脉、一种神。凝望着每一座廊桥，不由想到人生之路。在人生的道路上，我们也需要搭建“廊桥”，它可以让人生之路走得更顺坦，也可以在“廊桥”之上避风挡雨，抑或倚在“廊桥”椅子中，观赏着人生之风景……只是，这需要我们慢慢地品味。

走吧！去闽东看看廊桥，静静地凝望廊桥，你在感受到美的同时，肯定会有与我不同的感受和收获。

一道廊桥一道景

廊桥是闽东的一道景。站在远处，静静地望着这道廊桥，一种强烈的视觉美感冲击着我。

闽东非海即山，深深的海联结高高的山。有了这山，就有了溪流；有了溪流，就有了这廊桥。

廊桥是闽东的一道景。你看，坐落于棠口镇的千乘桥，建造在宽阔的湖面下游，依着大山，联结着两个村落。木桥、黑瓦和那奇特的造型，透着古朴，含着沧桑，藏着故事。这景，是山与桥的融合、山与水的融合，是岁月与情感的融合。

一道桥，就是一条通道。闽东的廊桥，是村与村的通道，是山与山的通道、是山里山外的通道。大山，养育着一方百姓，廊桥的建造者在建造廊桥时，除了给百姓提供交通便利之外，还为劳作的百姓提供了一个歇憩之地。望着廊桥，想起了山道上的五里亭。插队时，陡峭的山路上，建着一座亭子，每次挑担子上下，都要撂下担子，在亭子里歇憩，沐浴着山风，吮吸着草味，一洗劳作的辛苦。

闽东山野间长长的廊桥将两个村落联结起来，长廊中长长的板凳泛着细润的光亮，那是长久摩挲而形成的。在这长长的廊桥之中，老人们在这里聊天，少男少女们在这里谈着情、说着爱。在岁月的流逝中，渐渐地孕育出了闽东独有的廊桥文化。有人曾经这样写道："廊桥是一个相当重要的文化空间，它不但为人们遮风挡雨，还蕴含着一份亲情，廊桥是一个民族和谐的体现！"

一道廊桥，就是一部写不尽也读不尽的书。慢慢品读，可以感受到智慧、感受到民俗、感受到文化。你的用心品读又在续写着这部书——用你的思想，用发生在这里的故事。

柘荣这座小城

柘荣，闽东的一个小城，一个人口刚过十万的小城。盛夏时节，再一次走进了柘荣，领略小城的风情，感受着小城的魅力。

驱车穿过福安市区，沿着104国道行驶，四十多分钟的车程大约有一半的时间都在爬坡，车爬到了山顶，柘荣这座小城也就到了。车上的同行者告诉我，再沿着这条国道顺着坡下行，只要半个小时左右的光景，就到了闽东的另一个重镇福鼎。我心想，没有高速公路之前，小城扼守交通要道，应该也曾有过她的繁华。

下榻宾馆，推开窗子，凉风习习。在山下时，还感到暑气难耐，此时却备觉清爽宜人。难怪有人说，柘荣是夏日避暑的佳处。看着电视，品着太子参咖啡的香浓味道。小城盛产太子参，享有“中国太子参之乡”的美誉。农民把种植太子参作为自己的致富之道。本不起眼的太子参，被精明的柘荣人做成了一个产业，把这座小城打造成“海西药城”，“广生堂”、“力捷迅”等一批有一定知名度的药企落户小城。眺望这座小城，没有都市的耀眼灯光，独显小城的魅力。这让我想起了加拿大安大略省的湖滨小镇，小镇只有一万多人口，从小镇的东面望去，就可以把街区望穿。每年夏秋季节，葡萄熟了、苹果熟了，各种水果都成熟了，在这个时候，小镇举办各种有特色的活动，游人们涌进小镇，享受小镇的静谧、小镇的丰收，也享受着小镇的热闹。柘荣这座小城，似乎也有些“湖滨小镇”的影子。

这座小城，还有一个名字叫柳城。清晨，天边刚刚露白，就起个大早，穿行于大街小巷，吮吸到从街旁门店里、路边摊点里飘来的扑鼻香味。走向一个摊点，锅里是冒着热气的泥鳅面，那色、那香，挑起了我的食欲。热情的摊主为我盛上一碗，往里面加上些咸菜、鲜笋丝、蒜头、泥鳅菜、姜丝、葱头葱花……尝上一口，味鲜面滑，一点也没有土腥味。这大清晨的，就让我享了这口福。摊主告诉我，这是柘荣的名小吃，选用本县肥沃田块的泥鳅，煮前先将泥鳅用清水养一两天然后洗净，盛于钵盂。然后倒进新鲜鸡蛋与泥鳅拌搅，约二十分钟后，倒进菜油浸二十分钟，最后倒入米酒，三十分钟后，腥味便可完全消净，再用文火蒸一小时左右，让泥鳅熟透。蒸泥鳅时，钵盖务严，勿使香气外泄。泥鳅蒸成后再加上其他配料即成。虽是一碗小吃，却被小城人制作得如此考究精细。吃罢小吃，继续在小城中穿行，街边有许多用木头建造的低矮房屋。从木头的色泽可以看出其年代之久远，街上没有喧嚣声，有的只是偶尔传进耳帘的商贩或菜农的叫卖声，这声音似乎有些耳熟。在我的孩提时代，居住的那座城市，也曾时常听到，而每每这种声音传来，母亲总是喊到“去买几块豆腐来”。在这里，勾起我对往事的回忆。

用罢早饭，便去看看柘荣的剪纸。曾经在福州的三坊七巷观赏过剪纸表演，也知道柘荣的剪纸列入了世界非物质文化遗产名录。到了柘荣，也可以说是柘荣剪纸的原产地，参观柘荣剪纸的念头油然而生。走出宾馆，跨过小桥，几个经营剪纸的商店跃入眼帘。主人把我们引进了其中的一家，那满壁的剪纸，出自“中华巧女”袁秀莹老人之手。在她的手里，一把剪刀，创作出了一个个生动的艺术作品，诸如“金陵十二钗”、“百蝶图”、“金猴送福”等。老人也因此获得了无数荣誉。走出老人经营的剪纸店，又迈进了另一家剪纸作坊，店里的一幅《清明上河图》长卷吸引了我。我问店主，剪这样一幅长卷需要花多长时间，她告诉我，从设计到完成，大约三个月时间吧。这需要一种怎样的耐心啊！走出了商店，又去柘荣二中培养剪纸人才的剪纸班。走进班级，十几个女孩围坐在桌子旁，剪着纸，我问她们，一天能剪多少个作品，一位女孩含笑答道，一幅左右吧。作品展示室里，展示着学生们的创作。从这些作品中，我看到了艺术文化的传承。

剪纸需要剪刀，说也怪，这座小城又是剪刀之乡。在小城的工业区内，我参观了剪刀的生产线，知道了这些剪刀是如何生产出来的。在县商品展示馆内，见到了系列剪刀产品，讲解员告诉我，最大的一把，可以申请吉尼斯世界纪录。我相信，好纸好剪刀，好刀剪好纸，剪纸与剪刀之间有着某种联系。

下午，上了东狮山。车盘旋着上了山顶。马仙塑像面向县城矗立。柘荣民间崇拜马仙，奉之为神明。坐在塑像前的凉亭里，喝着清绿的彭山翠芽，听着有关马仙的故事和她与小城的关系：马仙年轻时多艰辛，遇仙点化，感悟人生，修真升天后，云游至柘荣，见东山狮峰直竖风景优美，遂择居灵岩洞。自元以后，天旱禾槁，柘荣人民向仙祈祷降雨济民，并在城西仙屿顶建庙奉祀，每适正月十五日马仙诞辰，柘荣群众纷纷前往祝福保安。听着这些故事，再次仰望马仙塑像，一个极尽孝道、精于医术、乐于公益事业的孝媳贤妇型的女性留在心中。这也让我想到了妈祖、临水夫人、太姥娘娘，马仙与她们并称为闽浙民间信仰的宋封四大女神。这些信俗，反映着百姓的一种寄托。东狮山群峰耸峙，雄伟挺拔，兼集太姥山的奇伟雄姿与武夷山的柔媚挺秀，素有“气拔太姥，天下奇山”之称。环山之中有谷、泉、洞、岩、峰、石等自然景观270处，步移景换，令人流连忘返。在山顶的凉亭石柱上，刻着唐颐先生的一副对联：“极顶高天太姥诸峰收眼底，清风明月柳城灯火注心头。”读来，意境开阔，既写出了东狮山的高峻，又感到先生心中那割舍不了的柳城情结。

从东狮山下来，顺道游览了山脚下正在建设的东狮山公园，宽阔的石阶两旁排列的石狮子，形态各异，有的威猛，有的憨态可爱，反映出不同朝代对狮子形象的理解。由此可见建设者的苦心，他们不只是在建设一座公园，更是在打造一种文化。

凉风吹拂的夜里，走在小城的街道上，有些昏暗的灯光下，不时可以看见一些大排档，在卖着各种小城的小食：牛肉滑、牛肉丸、鸡冠松、油卷面、春菊糍、乌米饭、扁食等等。不少人坐在排档旁，悠闲地品尝着，任夜的风徐徐地吹。

我也挑了一个排档坐下，品味着这座小城。

雨中观赏九龙井

九龙井是柘荣县的一个景区。仲秋一个细雨霏霏的午后，我走进了九龙井，领略了九龙井的雨中景致。

坐着车，沿着104国道往福鼎方向行驶大约十公里的路程，车右拐进入了一条乡村道路。车顺着崎岖山路行驶，爬上山坡又下了山坡，一片金黄的千亩洋面跃入眼帘，这是秋的独有景致，也是劳作后大地给的回报。闽东多山，百姓把一些较为平坦的地方称作“洋”，九龙井所在地叫乍洋乡，透着“众里寻他千百度，蓦然回首，那人却在灯火阑珊处”的韵味。车穿过洋面，到了景区的入口处，一株名叫“鹅掌楸”的树让我们止步，树的躯干已经掏空，“胸怀”裸露，让人一览无余地观赏“腹”中的一切，树干的中央又长出一株细长的小树，树叶与老树的叶子融为一体，这“腹中空”的树干，需要七个人才能将它围住。导游告诉我们，当地的百姓称这株树为“母子树”。斑驳的树干供养着繁茂的枝叶，看着似鹅掌，又像马褂的树叶，让人再一次感受到这树干的顽强生命力。望着这枝繁叶茂，但已经充满沧桑的躯干，我想起了老人……

沿着用小石铺就的小道前行，穿梭于一片翠竹之中。竹林的尽处是一处山涧，清澈的溪流潺潺流下。游九龙井可以顺着山涧溯流而上，也可以沿着山涧边缘铺设的栈道向上。可以想见，沿山涧溯流而上，既可以欣赏到不少野趣，也富有冒险精神。我没有选择这条道路，而是沿着栈道拾级而上，依次观赏蝙蝠井、金猪井、观音井、龙门井、阴阳井、翁子井、长河井、双心井、太阳井……景点每个“井”的名字都有一个由来，如，蝙蝠洞因蝙蝠在山洞中翻飞而得名（但由于下雨的缘故，没有见着蝙蝠的踪影，更无法欣赏到蝙蝠纷飞的情景）。在观井的同时，极目对面的山峦，怪石嶙峋、千奇百态，导游不时勾勒比画着，按照导游的描述，我尽力调动自己的想象，那图景渐渐地浮现在眼帘。

让我难以忘怀的还有九龙井那几处瀑布，直泻而下的水流冲击在嶙峋的岩石溅起水花，水花与细雨融合在一起，真不知道是细雨还是水花。轰鸣的水流声传入耳际，沁人心扉。山涧有水，这山就有了柔性，山涧有了瀑布，这柔中的水又添了些阳刚之气。瀑布，是九龙井一道靓丽的景致。

春之曲（三题）

鸟　　鸣

清脆而愉悦的鸟鸣声传入耳际，沁人心扉。春来了，是鸟儿把春的信息告诉了我。

懒散地躺在床上，听着窗外的鸟鸣声，仿佛在享受一曲美妙的春之曲。渐渐地，心情愉悦了，人精神了。

虽有不舍，但还是在和悦的鸟鸣声中起床。推开窗户，庭院中那株桃树的枝头已经含着花蕾，数枝已经绽开，粉红的桃果，在尚未吐绿的枝芽中，显得格外抢眼。

在鸟鸣声中，带着对春的憧憬，开始了一天的忙碌。

太阳升起

乘着晨曦上路。人在车里，眼望着窗外，深黛色的群山连绵着，山峦连着山峦，山峦与山峦之间的道道弧线勾画出了层峦叠嶂的图景。近处的群山明朗，翠竹欲滴，芦花在晨风中摇曳，山谷下的那湾湖水泛着涟漪；远处的群山，氤氲缭绕，山的极处一片洇红，仿佛带着少女般的羞赧，更让人感到这群山的清纯。在那一片洇红中，镶嵌着一轮红润的太阳。

停下车，站在路边，静静看着这连绵群山，细细欣赏这轮刚刚挂在群山之上的太阳。群山在太阳的映照下显得非常宁静，而镶嵌在那片洇红中的太阳又透着躁动。群山感染着我，那片洇红感染着我，那轮太阳感染着我，在宁静中萌生着些许朝气，愉悦之情油然而生。

继续向着山下驶去，带着春风，带着对那片洇红、那片山峦的留恋。

新　绿

站在廊桥上，举目远望层层的梯田，虽还不到耕种时节，梯田还没有插上秧苗，但荒草已经让这梯田充满了绿意，几株老树点缀着这层层梯田。山下，一条小溪潺潺而流，溪水清澈见底，鹅卵石在水影中泛着淡淡的绿。溪流旁，两行吐着新绿的柳枝枝条低垂，恰到好处地定格在这片景象之中，让人感受到了浓浓的春意。

欣赏这片景色，像是在欣赏一曲田园交响曲。层层的梯田，如写在大地上的五线谱，演奏着一曲春华秋实的乐意；低垂的新绿拨弄着清澈的溪水，透着一丝的浪漫。绿是春的特征，绿是春的气息。春天的绿是经历冬天万木凋零之后吐出的第一道绿。这绿，是嫩绿，望着这绿，心里流淌着一丝丝愉悦。

踏青赏花去

春来了，沉睡了一冬的大地复苏了；枯了一冬的枝条苏醒了。漫步于桃林之中，我发现，春自花始，之后才是绿。你看，这桃树，先是以花预示着春的来临，之后，花谢了，才有满树的绿叶。

莺飞草长三月天，鲜花盛开满山间。“三月三日气象新，长安水边多丽人”，杜甫在诗中记载了皇家浩浩荡荡春游踏青的情景。文人墨客在踏青赏花中，触景生情，留下了许多不朽的诗篇。孟浩然的“岁岁春草生，踏青二三月”，写出了踏青赏花的时节。朱熹的“胜日寻芳泗水滨，无边光景一时新。等闲识得东风面，万紫千红总是春”，描绘了春日的胜景。

"逢春不游乐，但恐是痴人。"春来时，踏青赏花去。走出户外，沐浴春色、沉浸花海、吮吸清新的空气，愉悦心情，那是大自然赐予人类养生的一份厚礼。踏青赏花是一种很好的休闲方式，也是一种很好的运动方式，它能够使紧张的神经细胞得以放松，有利于改善机体的新陈代谢和血液循环，增强心肺功能，加强四肢肌肉的力量，改善睡眠质量。踏青赏花，实在是一种健康的妙招。

春来了，踏青赏花，其乐融融。春天是冬的沉寂后的躁动，春的妩媚婀娜是一封诚挚的邀请函，春的浪漫又是一份情感的促进剂，它邀请着家人走出家门，在赏花品花中享受天伦之乐；它邀请着每对有情人携手漫步花海之中，催生着爱情之花的绽开；它邀请着亲朋好友相聚在山水之间，倾听着潺潺山泉，拾级于那坎坷的山道。踏青赏花，是一种心的沟通，情的交流。

春来了，踏青赏花去。闽东依山面海，有山的翠绿，又有海的博大；这里近有南北岸景观、上京贝、霍童溪等好去处，远有太姥山、杨家溪、白水洋等这样一些风景名胜。踏青赏花，闽东真的是难得的佳处。

春来了，踏青赏花去。

娇艳之花

走在荒野的小道上，那丛鲜艳的花磁性般地吸引着我，让我驻足，细细地欣赏。

这花娇嫩，娇得欲滴，嫩得热烈。用手轻轻地托起其中最为嫣红的一株，细细端详，花瓣中细嫩的茸毛含着露珠，大红中透着紫色，花瓣卷合出的弧度显得柔和，花瓣与花瓣之间，一道道细细的黄色如金线般地镶在花瓣的边缘。最让我心仪的是从花蕾中抽出的两片细嫩的花瓣，小的那一片细黄、细黄的，稍大的那一片红中镶着黄，在阳光下闪烁着金光。我用手轻轻地触了触那细嫩的花瓣，花的娇嫩让心变得滋润。

爱花之情萌生怜花之心。感受花的娇嫩、艳丽，我在心中自问：明日，这花还能如此这般娇嫩吗，还如此这般让我驻足吗？花的娇嫩是短暂的，有花荣便有花谢时。“落花不是无情物，化作春泥更护花。”再造访这花丛、再托起这株花，它可能娇嫩不再、艳丽已退，但我依然用我深情的笔触来描写映入我的眼帘的那丛花，只是，那时的笔触可能多了些深沉，多了些怜惜。

掏出藏于口袋中的相机，拍下这朵娇艳的花，让它永久地定格。

那朵荷花

黄昏的微风拂着那片荷田，斜阳柔柔地映在荷叶上，荷叶更加油光闪亮。荷叶间托着几枝素白的荷花，格外耀眼。

走近那片荷田，选择最近处的荷花，用手轻轻地将它拢到身边，蹲下身子，细细地观赏着。这是一朵含苞欲放的荷花，花瓣与花瓣紧紧地包裹着，像“心”的形状；心的尖处已经有些绽开，有如婴儿的小嘴；透过这张小嘴，我看到花瓣的内心世界。花瓣裹着莲蓬，一圈又一圈细嫩、黄色的小芽围绕着莲蓬，构成了一个黄色的花环，这让我想起了奥运会圣火点燃仪式上那头戴花环的美丽而圣洁的少女。我轻轻地捧着这朵素白的荷花，再一次仔细地端详着，它不绚丽，也不妖冶。我分外地爱这素白的荷花——爱她的呵护，她以一种爱呵护着孕育中的莲子；爱她的细腻，细腻得让人想到婴儿的肌肤，细腻得让人心生怜悯。我轻轻地松开手，那枝含苞的荷花轻轻地回到了原处，在风中摇曳着，像是对我的问候。

心中依恋着那枝含苞欲放的荷花，第二日黄昏，我再次走进那片荷田，寻觅那朵心仪的荷花。那朵荷花，却让我惊叹，短短的一夜间，已不是昨天的那般模样。紧裹的花瓣彻底绽放，昨日还被花瓣包裹的莲蓬此时完全显露在我的眼前。环绕着莲蓬像个花环的嫩芽长出了长长的须，莲蓬是黄色的，须是黄色的，茎的顶部那弯曲的嫩芽是白色的。此时的莲蓬已经成为荷花的主体，但我的心依旧恋着那托着莲蓬的洁白花瓣，是她敞开了心扉，让莲蓬显出她的华美。斜阳中，莲蓬摇曳着，在绿绿的荷叶中，泛着金光，与边上那洁白的荷花相比，显出另一种格调。

当我第三次走进那片荷田，去寻找那朵荷花，则又让我看到生命的另一种奇迹。仅仅24小时的光景，我见到的荷花已经完全落去了荷叶，只剩下莲蓬孤伶伶、高高地隆起，茎须托着莲蓬，每根茎须黄白相间。在短短的这三天时间里，她已经华丽转身，从荷变成了莲，示人以另一种美丽。

我的目光从眼前的莲蓬向远处望去，一处荷叶上孤立的枝条已经被人折断。我知道，明天或者是以后的某个时刻，那朵荷花，不，准确地说是莲蓬也会被人折走，取出其中的莲子。

荷花终将凋谢，但那洁白的花瓣深藏于心。明年的这个时候，这片荷田，还会开出洁白的荷花，还会吸引来爱荷的赏花人。只是，我不知道，我是否有时间走近这片荷田，从荷花中领悟到更多……

记忆中的雪

清晨轻轻推开窗子的一刹那，一股寒气扑面而来。对面的老式民房黑瓦被雪严严实实地覆盖着，落尽叶子的光秃秃的枝条也被雪包裹着，雪在飘落。

生活在南方难得见到雪景。望着窗外飘飘落落的雪花，脑海浮现出对雪的记忆。

孩提时代，居住在建溪与沙溪汇合处叫延平的城市，那是一个山区，冬季来临时，特别寒冷。每到冬季，在寒冷的夜晚，我都会往碗里倒上水，在水里放上一根细细的线，小心翼翼地将它放在屋顶上，第二天清晨，在温暖的被褥中钻出来，顾不上穿衣，直奔屋外，把那在屋顶放了一夜的碗端进屋子，重新钻进被褥，手拉着那根线，用嘴慢慢地品着那冰块。留存于脑海深处的一场雪，是1968年春节的那场雪，大雪连续下了好几天，家对面山头被厚厚的积雪严严实实地覆盖着，见不着一点绿意，马路上冷冷清清。在这冰天雪地里，最让人愉悦的是围炉。买来木炭，在家里升起了大大的火炉，一家人围坐在一起，烤着火炉，天南地北地唠嗑着。哥哥还从水产店里买来了许多带壳的海蛎，我们把它一个个放在火盆上烤，炭火烤的海蛎壳发出辟里啪啦的响声，发出淡淡的焦味，我们敲开烤熟的海蛎，品尝着鲜美的海蛎，其乐融融。

20世纪70年代中期，我离开了城市，来到了离城不算远的乡村插队。那正是农业学大寨的年代。那年春节，雪下得特别大，到处白雪皑皑，这样的季节，本该是农闲季节，但却变成了农忙季节，公社调集了各大队的民兵，进行平整土地的大会战，人们自带粮食，搭起帐篷，战天寒、斗地雪，方园几公里的田野中，红旗招展，人声鼎沸，丝毫没有天寒地冻的感觉。在那样的岁月里，我深深地被那样的场景所感染，半个月的光景，梯田变成了平整的良田。

又是一个雪天，一个久违的雪天。望着这纷飞的雪，我的心也如飘絮。我把心绪寄于这片片雪花，也让我的心绪放飞。

山里的雾

山里的雾，是一道风景——雾，让山多了一份婀娜；雾，为山多了一份含蓄；雾，让人多了一份遐思。

车在路上疾驶，从车窗眺望大山，车在动，雾也在动，淡淡的雾，飘浮在远处的山峦间，透过飘浮的雾，望着远处的山，雾里看山，山显得更加宁静，宁静中带有一份羞赧。

伫立在岸边，近处是大海，海面泊着一叶轻舟，种植海带紫菜的张张网格兀自站立。连接海与山的是雾。雾像海的面纱，又像一条飘逸的长裙。雾在山里飘，也在心里飘，它拂拭着浮躁的心。

人浸在雾里，雾轻轻地掠过，在脸颊上留下了湿润的水汽。沿着崎岖的山路盘旋而上，能见度越来越低。越贴近大山，越无法领略这眼前大山的景色，只是在浓浓的雾之中看到了树、看到了草，听到了透过浓雾传来的鸟鸣声。被浓雾包裹的景致可谓是无景胜有景，你尽可以放纵思绪，想象着浓雾笼罩下的景致是何等的秀美。

站在高高的山峰上，脚下是翻滚着的云雾，山峰不经意地在云海中露出如同少女般羞赧的面容，和煦的太阳照在云海之上，云层上泛着金光。欣赏着这种景致，心里突然有了一丝疑问，这是雾还是云。

山里的雾，山里的一道景色。

东看太阳　西看月亮

晨起，在公园的小道上散步，东边那轮朝阳半掩半遮、羞羞答答地撩开她的面庞。我不禁停下脚步，欣赏着它的绚丽与辉煌。日出把东边的天际渲染得通红，如同婴儿的脸庞一般，红得滋润、红得柔美、红得让人想伸手抚摸。阳光柔和地穿过公园中的林子，阳光透着金辉，阳光所照之处，变成了金色。日出有着一种充满生机的躁动，这种躁动也渐渐地感染着我。

不经意地向着日出的另一个方向望去，那是与东边迥然不同的景色！我从刚有的躁动中归复于平静。西边的天际间，圆圆的、白白的月儿高高地悬在天边，白色的月儿镶嵌在蓝色的天幕。月光下的景致让人感到有些清冷，甚至有些孤寂。目睹这轮清月，让人多么沉静。

往东看太阳，那轮太阳已经完全地露出了她的面庞，阳光从柔和变为刚烈；往西看朗朗明月，那轮清月因阳光的强烈而渐渐地淡出那蓝色的天际，已经寻找不到它的影子。

从东边的日出，西边的清月中，我似乎懂得，当日出把辉煌展示给人的同时，也为自己留下了清辉。在陶醉日出辉煌的同时，也要懂得欣赏清月的平淡。

黄昏绚烂

坐着车急急赶来，就是为了欣赏这落日，领略它的绚烂。

站在堤岸上，面向大山凝望。湛蓝的天空，几朵云漂浮其间，天空显得清澈而透亮，落日如同一个玉盘镶嵌在大山与天际之间，大山显得凝重，而天际却是五彩缤纷。山的倒影、落日的倒影、云彩的倒影、天空的倒影，全部映在那一泓池田之中，单调孤寂的池水变得富有生气。可能是池田与池田之间的落差对光的折射，那一轮落日魔术般地变成了四个，一个挂在山际，三个倒映在水中，泛着波光，晶莹剔透。

有诗曰：“夕阳无限好，只是近黄昏。”之前，并没有真正理解这诗句的含义。当我观赏这黄昏的夕阳之后，惆怅之情不由自主地从心底涌起，才真正体会到诗人体验之真切。记得我驱车观赏这轮落日时，落日还高高地挂在空中，看上去还有些刺眼，可是，不到十分钟的光景，落日已经是依在了山边，再一会儿便无奈地落下了山，夜幕渐渐地降临。

欣赏这落日余晖也不是件容易的事。我是在一个偶然的机会，路过这片鱼池，被这片景致所吸引，遗憾的是天色已晚，半个落日已经沉入了大山。心想着再找个机会到这儿静静地观赏。可是，山中不仅多雨，而且多云，那轮落日被云遮得严严实实的，总不愿意露出真容，让人心生焦虑。好在总算候到了这个晴朗的日子，欣赏到了这黄昏时分的绚烂。

那一壶由淡而浓的白茶

夜深人静时，洗净茶具，撮上一把白茶，将烧开的水冲入玻璃壶中，而后注目着它的每一点变化：一根根揉得细长的茶在水中翩翩起舞，逐渐地舒展开那紧裹的躯体，随着杯中茶叶的舒展，沏入杯里的水色也在起着变化——起先只是淡淡的黄，渐渐地由淡而红。不论是淡淡的黄，还是淳厚的红，水色总是晶莹透彻。欣赏着叶与水的变化，感觉到这杯中的茶在舒展中得到释放，把自己的全部精华溶于水中，在释放中得到了一种回归。在这宁静的夜晚，独自欣赏着，轻轻地将壶中的茶沁入杯中，虔诚地端起茶杯品上一杯，细细地品着它的甘美，洗去一天的劳顿，忘却心中的烦躁，实在是一种享受。

福建是个茶乡，八闽大地无处不产茶：闽南有铁观音，闽北有大红袍，闽西有水仙老枞，闽东又以坦洋工夫、福鼎白茶而著名，闽中还有茉莉花茶。福建产茶，福建人也爱喝茶，无论是走进酒楼，还是乡村民居，一定有茶；倘若呼朋唤友，野外休闲，也忘不了带上茶具，在草地上铺上一张毯子，席地而坐，沐浴着山野清风，品着佳茗，其乐融融。福建人爱喝茶，也爱论茶，曾经到过武夷山，听一个当地的领导介绍武夷岩茶，论起七十二茶道，道道精通，旁征博引，说起大红袍传说，绘声绘色。也曾听几位茶商论茶、品茶，几乎每位茶商的包里都装着几泡茶，在品茶中斗着茶，哪一个都希望自己的茶能超过别人，哪一个又都在相互品茗中汲取别人的长处。品茗，也体现了福建人爱拼会赢的性格。福建人论茶，无人不夸自己的家乡茶好。

我喜喝茶，可以说不可一日无茶。一日无茶，则一日无神。我喜喝茶，诸茶皆喜。在闽东的日子里，我渐渐地认识了白茶，亲近了白茶。在走进闽东之前，对白茶还十分的陌生。2009年秋时，第三届茶博会茶叶高层论坛在白茶的故乡福鼎召开，专家学者汇聚一堂，纵论白茶之功效，白茶的降血压之效让我心动，也因此尝试着亲近了白茶。较之于其他茶类，白茶可能少了浓香，也不具有绿茶的淡淡清香，白茶以淳见长，泡制简单。晨起，品上一杯白茶，铺开一张宣纸，临一通贴，让自己畅游在墨海之中。工作时，沏上一杯白茶，静心地处理公务。

静静地欣赏着那杯置于茶几之上由淡而浓的白茶，耳际间萦绕着游览太姥山时导游动情地讲述的有关太姥娘娘与白茶的传说。“太姥山古有绿雪芽。”绿雪芽，是福鼎白茶之祖，传说为兰姑受南极仙翁指点所种，用白茶来拯救饱受麻疹折磨的乡民，并教乡民种茶，后来羽化成仙。人们总是把美丽的传说赋予美好的东西，记得在武夷山九龙窠观赏长于岩壁之上的大红袍时，导游也给我们讲述了大红袍的故事，这故事与白茶的传说实质是相同的，都是为了扶危济困，只是大红袍与皇帝、驸马联在了一起，使得它红袍加身，而白茶则与仙联在了一起。从这些传说中，看出老百姓爱茶，赋予了心中的茶以神奇。品着茶，忆起这些故事，我们又从中得到一次心的洗礼心灵的净化。

静静地欣赏着那杯置于茶几之上由淡而浓的白茶。因为制作工艺特别，当年的新茶泡出的茶总显得茶味比较清淡，而那些陈年老茶泡出的茶的汤色就更加淳厚。在福鼎，倘若主人拿出存放15年以上的老茶招待你，那说明他对你的情至深。茶性通人性。茶如此，人其实也如此。生于斯、长于斯的闽东人，对着闽东这片土地，如同老茶般那样的淳厚，而我对闽东的认识，也如这杯中的茶，浸润在闽东的这块土地上，情也由淡而厚。

“世界的白茶在中国，中国的白茶在福建，福建的白茶在福鼎。”在闽东，人们谈起白茶，有着一种自豪。他们也为白茶走出“深闺”而奔波，举办每年一度的“中国白茶文化节”及其他各项茶事活动，提升白茶品质，做大白茶产业，提升白茶知名度。在这一系列的推介活动中，福鼎人抓住白茶所具有的降血压、降血脂、降血糖、抗氧化、抗辐射、抗肿瘤的特点，做好品牌宣传，引起人们对白茶的重视。白茶被制作成茶砖，献给了三军仪仗队，表达了福鼎人民的拥军情怀。如今，福鼎白茶走进了世博会，成为中国十大名茶之一。“名茶出太姥，银针美名扬。莫笑神仙醉，一杯日月长”，中国2010上海世博会联合国馆中国世博十大名茶招募管理委员会，中国上海世博十大名茶活动组委会这样评价福鼎白茶。

望着桌上，那一杯由淡而浓的白茶，细细地琢磨着“一杯日月长”诗句，意味深长，让我回味。

物境与心境

历经寒风冷雨的洗礼，眼前的景致显出了些萧瑟与孤寂。远处的几株杉树，虽还透着绿色，但已经少了许多绿的韵致，倒是杉树前的那一列芭蕉树，叶子在青绿中透着油光。在芭蕉树与杉树的四周，是一大片枯黄的芦苇，有的芦苇在阳光的映照下，金灿灿的，而阳光照射不到的芦苇，呈现出衰败的景象。那一湾湖水，碧蓝碧蓝的，泛着微波，透着晶莹。

曾经在春暖花开的时节，静静地欣赏过这片景象，心境颇为愉悦。那几株高高的杉树，换了新绿，煞是可爱；那一列芭蕉树，也透着绿意；那一大片的芦苇，枯黄褪去了，取而代之的是片片细长的绿叶，微风吹拂，芦苇翻卷着绿色的细浪。在一片翠绿中，花儿点缀其中，特别耀眼。几只说不出名的鸟儿从芦苇丛中飞起，盘旋几圈之后，有的栖息在杉树林中，有的又飞回了芦苇丛中。愉悦的鸣叫声从树上、从芦苇丛中传出，给这片绿色添了动感。这片绿丛涌动着春的多情、春的活力。

景致变化，季节使然。春有春色，冬有冬景。我为何惆怅，又为何愉悦？冬的萧瑟让我惆怅，春的盎然让我愉悦。之所以如此，其实是审美观念所致，无论惆怅与愉悦，其实是景物与心境产生的共鸣。曾经与一位在风景名胜区工作的同志聊天，我说，非常羡慕你，在这样风景秀丽的地方工作。他的回答出乎我的意料。他说："在你看来，这里的风景是一种享受，而对我来说，则是一种孤寂。因为，游客是抱着观赏而来，而我则是为了谋生而留。"这就是心境。不同的心境，对于物境的感受也大不相同。我对这湖边冬的景色与春的景色的感受，大概也是心境所致。

雁　　鸣

一行大雁从头顶掠过，领头的那只在高空中发出的鸣叫声，传入耳际，从那声音中，我听出了许多意味。

我听得出，那声音充满着眷念，充满着不舍。冬时，北来的大雁南飞栖息，这里的山、这里的水，养育了它们。如今，春来了，大雁又该北飞了，因为，那里有适合它们生存的气候，有可供他们生存的食物，它以柔情的鸣叫声表达对这片土地的感激、对这方百姓的问候。

我听得出，那声音充满着召唤，也充满着呵护。它在召唤这支雁队的每一只大雁，别掉队啊！这里虽然山好、水好，让我们眷念，让我们不舍，但我们必须割舍。每一只大雁，从这声音中感受到了彼此间的照应。这鸣叫声，传递着一种爱。

我听得出，那声音透着刚毅，透着不屈。这声音仿佛在告诉每一只大雁：飞翔，是它们的生存之道；飞翔，是它们的天职。飞翔是艰辛的，但是大雁不会因为艰辛而停止飞翔。飞翔，让它们感受自由。

我听得出，那声音带着欢快，含着愉悦。飞翔是艰辛的，但又是快乐的。在飞翔中，它们展示着自己的能力，领略到了无尽的风光。那一行掠过头顶的大雁，在领头雁声音的引领下，向着北面飞去。天空是广阔的，大雁可以尽情翱翔；天空又是多变的，不知前方是晴空、乌云还是风雨，但我为这一行大雁祝福，祝它们北飞顺利。

我抬头仰望，那是一支造型优美的雁队。我敬佩那只发出鸣叫声的领头雁，在这支北飞的雁队中，它付出最多。它应该是这支雁队的灵魂，

再到秋来时，我会仰着头，期待着这支北飞的大雁南来，再倾听着领头雁发出的那内涵丰富的鸣叫声。

这鸣叫声，应当还是对我期待的回应。

风雨中的演出

2009年11月16日，第三届海峡两岸茶业博览会文艺演出在风雨中如期精彩上演。

1300多名演员艺术地演绎了“坦洋工夫”的辉煌、太姥传情的神韵、“环三”扬帆的激昂。整场演出为人们打开了一段尘封的历史，展示了“坦洋工夫”以茶为媒的茶缘；演绎了蓝姑这位“太姥娘娘”以茶救民的故事，让人领略了福鼎白茶的魅力；展现了闽东蓄势而发、快速发展取得的成果，表达了闽东人民弘扬新时代海西精神，立志创造新奇迹的雄心。这只是短短一个多小时的演出，但也是一场艺术的盛宴。

演员们对艺术的执著与投入让人感动。那凌空飘至的仙子，每一招每一式，无不投入；那在风雨中的歌唱，更有韵味；那和着风、伴着雨的舞蹈，平添了几分魅力；那在风雨中身着白色服装、表演太极拳的演员们，表演得一丝不苟，把太极的从容、淡定演绎到了纯美和极致；那来自宝岛台湾的演员们，唱起《我们都是一家人》，跳着高山族优美舞蹈，让我们感受到了两岸亲情不会因风雨而阻断；那长长的火龙、疾驰的摩托，让我感受到了传承与向上的力量。那在整个演出中与茶丛相伴的演员，或蹲或站，和着音乐，一丝不苟地变化着各种道具；那站立于假山之上的小伙，全神贯注地舞动着手中的旗帜，摆出各式各样的造型；那站立于舞台后方大坝之上的演员，很好地配合了主场地的舞蹈，深化了表演的主题……这些演员，只是整场演出的绿叶。在整个演出中，可能没有人看到他们的面孔，没有一台摄像机把镜头对准他们，但是，他们无怨无悔，把场面烘托得十分热烈，把场景拓展得如此开阔，他们是整场演出不可或缺的组成部分，没有他们，演出将大大逊色。

现场工作人员的负责与担当让人钦佩。我们的人民警察尽心尽责，承担如此大型活动的执勤任务，即使在晴天，任务都十分繁重，更何况这是一场在风雨中的演出。嘉宾云集，车辆如织，我们的干警们，在风中雨中没有任何懈怠，疏导着交通、引导着人流。闽东的11月，已是秋季，秋风秋雨中已经透着凉意，我们的志愿者们依然穿着迎宾的旗袍，披着轻薄的雨衣，在风雨中笑容可掬、落落大方地迎接引导着八方宾客……这是最美的一道风景线。

这是一场为第三届茶博会而举办的演出，不仅演绎了艺术，同时也演绎了一种精神，展示了闽东形象。这场演出，让我感动，不仅感动于艺术，更感动于精神——平凡之中的伟大追求，平静之中的满腔热血，平常之中的有极强烈责任感的“三平”精神。

演出结束时，我听到音响里传出的这样一句话：“全体演出人员为我们自己鼓掌吧。”真是恰如其分！真的，他们，还有为那场演出乃至在整个茶博会付出心血的人，都值得，而且应当无愧地为自己鼓掌。

这场风中雨中的演出已经留在我的记忆深处，一定会一直地感动着我。

后 记

辛卯年末，散文集《您好，闽东》将由海峡文艺出版社出版。翻阅清样，思考了很多。

走过许多地方，但在我脑海里留下深刻记忆并持续激发我写作冲动的大概只有闽东。那次观看了在风雨中进行的第二届茶业博览会文艺演出，难以抑制自己的心情，写下《感动于风中雨中的演出》的随笔。它是我第一篇与闽东有关的散文，自此我就开始写闽东。从那时起，我就更加留心闽东的山山水水与风土人情，口袋里总是揣着薄薄的数码相机，哪里的风景优美、哪里能反映闽东风俗，就掏出相机随手拍下。夜深人静时，对着电脑，细细地欣赏着那一帧帧照片，灵感从这些照片中生发、思绪随着键盘的敲击声跳跃，情感随着屏幕上出现的一行行文字渲泄，于是便有了一篇篇长短不一的文字。这次，离开闽东，走得匆忙，很长一段时间，情感还沉浸在闽东，对那块土地的眷念、对那里相识的和不相识的人感激与谢意，时时萦绕在我心怀。在此驱动之下，我连续写出了《您好，闽东》、《柘荣这座小城》等多篇散文。我把一段时间以来积累下来的十多万字的散文随笔交给海峡文艺出版社的林滨先生，他仔细审阅之后，建议我将闽东题材的作品挑选出来，配上合适的照片，结为一集。我有所触动，愉快地接受了这个建议，以为这样更能集中表达我对闽东那山、那水和那里的人的情感。

在闽东期间的写作冲动之所以持久不衰，一个重要的原因是《闽东日报》和《法制今报》提供了刊发作品的园地，编辑们对我的写作给予了精心指导。每每有作品刊发，朋友们都会发来短信，评论切磋，这时的心情是很愉悦的，也激发了我不断写作的热情。当这本书将要面世时，我不由地向他们道声感谢。

《您好，闽东》将要面世了，我的心情又有点忐忑不安。我不知道，生活在闽东这片土地上的人，能否通过阅读我的文字，体会到我对这片土地的一种敬意；生活在这片土地之外的人，能否通过阅读，产生一种走进闽东、了解闽东的愿望。不管怎么样，我期盼读者朋友能有所收获。我感谢大家的阅读，同时也虚心地等待大家的评价。

希望在你的阅读与评价中，凸显这本书的价值。

作　者